从零开始学
微信公众号运营推广
第3版

叶 龙◎编著

清华大学出版社

北京

内 容 简 介

如何进行公众号的选择、账号的设置、正文的创作，以及数据分析？

如何实现公众号的营销、粉丝的导流、人气的暴涨，以及商业盈利？

本书按照"内容＋实战"的方式通过两条线指导读者从零开始打造属于自己的百万大号！一条是内容线，包括运营入门、平台设置、内容创作、排版优化、内容发布、视频与直播、吸粉引流、粉丝运营、数据分析和商业盈利等方面的内容，引导读者从入门到精通，逐步掌握微信公众号运营。另一条是实战线，书中对注册、认证微信公众号，后台功能的设置，公众号内容的排版以及数据分析等内容介绍了具体的操作步骤，能帮助读者快速看懂公众号的相关操作，轻松上手，玩转微信公众号。

本书结构清晰、内容实用，适合公众号运营人员、公众平台数据分析人员、微信公众号平台营销人员、微信公众平台创业者，以及感兴趣的读者阅读和参考。

图书在版编目（CIP）数据

从零开始学微信公众号运营推广 / 叶龙编著. —3版. —北京：清华大学出版社，2023.8
ISBN 978-7-302-64483-5

Ⅰ．①从… Ⅱ．①叶… Ⅲ．①网络营销 Ⅳ．①F713.365.2

中国国家版本馆CIP数据核字（2023）第153675号

责任编辑：张　瑜
封面设计：杨玉兰
责任校对：周剑云
责任印制：丛怀宇
出版发行：清华大学出版社
　　　　　网　　　址：http://www.tup.com.cn, http://www.wqbook.com
　　　　　地　　　址：北京清华大学学研大厦A座　　　　邮　　编：100084
　　　　　社 总 机：010-83470000　　　　　　　　　　邮　　购：010-62786544
　　　　　投稿与读者服务：010-62776969, c-service@tup.tsinghua.edu.cn
　　　　　质量反馈：010-62772015, zhiliang@tup.tsinghua.edu.cn
印 装 者：三河市君旺印务有限公司
经　　销：全国新华书店
开　　本：170mm×240mm　　　印　　张：14.25　　　字　　数：270千字
版　　次：2017年6月第1版　2023年10月第3版　　　印　　次：2023年10月第1次印刷
定　　价：79.80元

产品编号：100087-01

前言

如果要问微信公众号的优势是什么？那一定是其背后蕴含的巨大流量。微信公众号是微信给个人、企业和组织提供业务服务与用户管理能力的全新服务平台，而微信作为目前我国使用人数最多的通信 App，其背后拥有庞大的流量。据腾讯控股2022 年 11 月 16 日公告，截至 2022 年 9 月 30 日，微信及 WeChat 的合并月活跃账户数为 13.089 亿。这也是微信公众号快速发展的原因之一，很多软件刚开始起步都会很艰难，很大一个原因就是没有基础的流量，而单纯凭口碑发展又很慢。

除了庞大的流量外，微信公众号成本比较低，注册步骤又很简单，而且还拥有非常齐全的功能，这也是大多数运营者选择微信公众号的重要原因。

在了解了微信公众号的优势条件后，相信很多运营者都会对如何运营微信公众号有一个疑问，这也是本书出版的一个很大原因，正如书名一样，希望能帮助运营者从零开始学习微信公众号的运营与推广。

本书是《从零开始学微信公众号运营推广》的第 3 版。由于前面两个版本的反响比较好，而且距离第 2 版的写作时间也已经过去 4 年多了，微信公众平台的页面及功能都发生了一些变化。于是，笔者在前两个版本的基础上对内容进行了调整和增加，推出了这本《从零开始学微信公众号运营推广（第 3 版）》。

相比于前两版的内容，本书主要增加的内容包括：授权管理、人员设置（管理员和运营者）、视频与直播（视频号和直播功能）、引流平台（快手、视频号、哔哩哔哩和小红书）、粉丝运营（视频弹幕设置、自定义菜单）、数据分析（接口分析和网页分析）等。

除了上述明显的新增内容之外，微信公众平台还在原有基础上完善并增加了一些更加细分的功能。

相信即便是学习了前两版书的读者，也能从本书中学到一些新的运营技巧，了解微信公众平台最新的功能分布。当然，对于公众号运营没有太多基础的运营者来说，本书也是学习公众号运营干货的一个有利宝典！

本书由叶龙编著，参与编写的人员还有刘芳芳等人，在此表示感谢。

由于作者知识水平有限，书中难免有错误和疏漏之处，恳请广大读者批评、指正、沟通和交流。

编　者

目录

第1章 运营入门——公众号的
基本信息........................1

1.1 基本内容：详细了解微信
公众号........................2
1.1.1 微信公众号的定义............2
1.1.2 运营公众号的价值............2
1.2 账号定位：选择最适配的
公众号........................4
1.2.1 公众号的常见类型............4
1.2.2 公众号的功能用处............5
1.2.3 选择公众号前的思考............7
1.2.4 选择适合的运营方向............7
1.2.5 选号可参考的方法............9
1.3 进行注册：增加专业的个人
标识........................10
1.3.1 注册个人主体公众号............10
1.3.2 注册企业主体公众号........14
1.4 认证准备：提升公众号的
威信力........................14
1.4.1 认证前的资料准备............14
1.4.2 公众号的认证步骤............15

第2章 平台设置——完善你的专属
名片........................17

2.1 公众号设置：提高账号的
辨识度........................18
2.1.1 账号详情........................18

2.1.2 功能设置........................22
2.1.3 授权管理........................24
2.2 人员设置：运营管理的重要
部分........................25
2.2.1 管理员信息............25
2.2.2 运营者管理............26
2.3 安全中心：账号安全运营的
保障........................27
2.3.1 风险操作保护............28
2.3.2 IP 白名单............29
2.3.3 修改密码............30

第3章 内容创作——打造热门
爆款文章........................33

3.1 标题拟写：吸引目标受众的
第一步........................34
3.1.1 4 个注意的事项............34
3.1.2 6 种满足用户的需求............36
3.1.3 3 种常用标题的拟写
方法........................39
3.1.4 3 种实用标题的拟写
方法........................43
3.2 正文写作：助力文章更上
一层楼........................46
3.2.1 文章内容的 6 种形式........47
3.2.2 内容编辑前的 3 个准备...48
3.2.3 让文章决胜的 9 个技巧...49

3.2.4 文章开头的 5 个写作
技巧...................51

3.2.5 文章中间的 4 个写作
方法...................53

3.2.6 文章结尾的 3 个写作
方法...................54

第4章 排版优化——提升文章的
美观度...................55

4.1 图片设计：提升文章点击
阅读率...................56

4.1.1 图片颜色...............56

4.1.2 图片大小...............56

4.1.3 图片数量...............57

4.1.4 图片的深度修图........58

4.1.5 长图文................59

4.1.6 动图.................60

4.2 字体格式：从基础设置开始
改变...................60

4.2.1 设置字号..............60

4.2.2 加粗字体..............61

4.2.3 设置斜体..............62

4.2.4 设置颜色..............62

4.2.5 设置间距..............63

4.2.6 选择页面背景..........65

4.2.7 设置首行缩进..........65

4.2.8 使用分隔线............66

4.3 版式设计：提高文章的
吸睛效果...................66

4.3.1 排版技巧..............66

4.3.2 第三方排版编辑器......68

第5章 内容发布——面向观众的
重要一步...................71

5.1 图文消息：最常使用的文章
格式...................72

5.1.1 插入文章超链接.........72

5.1.2 添加小程序............80

5.1.3 添加广告..............82

5.1.4 添加返佣商品...........84

5.1.5 插入视频号内容.........85

5.1.6 插入公众号............87

5.1.7 插入图文模板...........89

5.1.8 发起投票..............90

5.1.9 插入搜索组件...........92

5.1.10 添加地理位置.........93

5.1.11 选择已有图文.........95

5.2 其他内容形式：丰富发布的
形式...................97

5.2.1 发布图片消息...........97

5.2.2 发布文字消息...........98

5.3 内容管理：对素材库进行整理...99

5.3.1 图片素材整理..........100

5.3.2 音频素材整理..........104

5.3.3 视频素材整理..........107

第6章 视频与直播——开通多样化
功能...................111

6.1 视频消息：让内容更具有
吸引力...................112

6.1.1 发布视频消息..........112

6.1.2 什么是视频号..........115

6.2 音频消息：让观众能感受到
亲切...................117

6.2.1　选择音频素材.............117

6.2.2　发布音频消息.............118

6.3　直播：跟随网络的最热发展

潮流.............119

6.3.1　前期准备.............120

6.3.2　直播入口.............121

第 7 章　吸粉引流——打造百万级的

账号.............123

7.1　引流策略：实现粉丝从零到

百万.............124

7.1.1　大号互推.............124

7.1.2　爆文引流.............124

7.1.3　活动吸粉.............125

7.1.4　线上微课.............126

7.1.5　热词引流.............126

7.1.6　朋友圈分享.............127

7.1.7　红包福利.............128

7.2　引流平台：扩大吸粉的活动

范围.............129

7.2.1　抖音引流.............129

7.2.2　快手引流.............132

7.2.3　视频号引流.............135

7.2.4　哔哩哔哩引流.............136

7.2.5　小红书引流.............136

7.2.6　今日头条引流.............137

7.2.7　微博引流.............138

7.2.8　知乎引流.............139

第 8 章　粉丝运营——积极进行互动

交流.............141

8.1　消息管理：增加与粉丝的互动

机会.............142

8.1.1　留言管理.............142

8.1.2　私信管理.............144

8.1.3　用户管理.............148

8.1.4　视频弹幕.............149

8.2　互动功能：提高用户的积极

参与性.............151

8.2.1　自动回复.............151

8.2.2　自定义菜单.............156

8.2.3　合集标签.............159

第 9 章　数据分析——精准解读

运营方向.............167

9.1　内容分析：整体数据的详细

解读.............168

9.1.1　群发分析.............168

9.1.2　多媒体分析.............176

9.1.3　图文群发中的商机.............177

9.2　用户分析：对粉丝属性进行

解读.............178

9.2.1　用户增长.............178

9.2.2　用户属性.............182

9.2.3　常读用户分析.............185

9.3　菜单分析：定位最受欢迎的

栏目.............188

9.3.1　昨日关键指标.............188

9.3.2　菜单点击次数.............188

9.3.3　菜单点击人数.............189

9.3.4　人均点击次数.............190

9.4　消息分析：查看消息的

相关数据.............190

9.4.1　消息分析.............191

9.4.2　消息关键词.............198

9.5 接口分析：确认后台数据的
安全....................................198
  9.5.1 小时报.........................198
  9.5.2 日报...........................200
9.6 网页分析：了解网站的访问
情况....................................201
  9.6.1 页面访问量.................201
  9.6.2 JSSDK 调用统计...........202

第 10 章 商业盈利——完成流量
完美转化.........................203

10.1 常见盈利方法：快速实现
流量转化...........................204
  10.1.1 广告盈利.....................204

10.1.2 流量盈利.....................205
10.2 其他盈利方法：多种渠道进行
盈利...................................208
  10.2.1 付费订阅.....................208
  10.2.2 点赞打赏.....................209
  10.2.3 电商盈利.....................211
  10.2.4 在线教学.....................212
  10.2.5 微商代理.....................212
  10.2.6 品牌代理.....................214
  10.2.7 出版图书.....................214
  10.2.8 增值插件.....................215
  10.2.9 小程序.........................216

第1章

运营入门——公众号的基本信息

学前提示

　　近年来，微信公众号营销已经火热，不论是传统商家、企业，还是个人，都在进军微信公众营销领域。要想开启微信公众平台营销，就需要掌握一些最基本的微信公众平台知识。在本章中笔者将为大家介绍微信公众号运营的入门知识。

要点展示

- ➤ 基本内容：详细了解微信公众号
- ➤ 账号定位：选择最适配的公众号
- ➤ 进行注册：增加专业的个人标识
- ➤ 认证准备：提升公众号的威信力

1.1　基本内容：详细了解微信公众号

伴随着微信的火热，微信公众平台也相应诞生。越来越多的商家、企业、个人都开始申请开通微信公众平台，用于营销或者其他用途。微信公众平台逐渐成为商家进行商业营销以及我们日常生活中获取信息不可或缺的方式。本节笔者将为大家介绍微信公众平台的相关知识。

1.1.1　微信公众号的定义

微信公众号是一种应用账号，是广大商家、企业、开发者或者个人通过在微信公众平台上注册的一个用于跟自己特定的客户群体沟通交流的一个账号。微信公众号运营者在跟自己特定客户群体交流的时候可以采用多样的方式去交流、沟通。

通过微信公众号交流的方式更加生动、全面，大大增加了商家企业、个人群体与客户对象之间的互动，从而得到更好的交流效果。因此微信公众平台成为各商家、个人进行微信营销的一个重要平台。

1.1.2　运营公众号的价值

微信公众号凭借自身的优势，得到了众多用户的青睐，使得其用户数量逐日增长，从而成为当今互联网行业中一种不可缺少的营销方式。

微信公众号给商家、企业的营销提供了一个全新的销售渠道，拓宽了销售范围。同时，微信公众号还为广大商家用户提供了信息管理、客户管理等功能，使商家与客户间的沟通变得更简单，交流性、互动性也变得更强，极大程度地增加了客户的黏性。

当我们进入微信公众平台的首页时，可以看见如图 1-1 所示的一个微信公众平台官网首页的宣传语。

图 1-1　微信公众平台官网首页的宣传语

对于微信公众平台首页"再小的个体，也有自己的品牌"这句宣传语，我们可以理解为微信公众平台旨在给每一个微信公众号的用户提供一个发挥自我价值、创造更大的效益的机会。

对于企业、商家、个人而言，要想借助微信公众号更好地进行营销，发挥作用，首先就需要清楚微信公众号能为运营者提供哪些帮助。笔者总结了微信公众号 6 个方面的作用，具体如下。

1. 帮助运营者推广信息

运营者在借助微信公众号与客户进行交流、沟通时，能够传递出想要让客户知道的企业信息，这些信息可以是运营者品牌的、也可以是运营者产品的。运营者如果想要保证客户的支持度，就必须向客户提供有价值的信息。

2. 提供客服服务功能

用户可以通过给运营者微信号发送消息来了解自己想要的信息，而运营者可以通过客服功能解答微信号粉丝的问题。

3. 减少宣传成本

商家、机构或者个人用户在使用微信公众平台的时候，能够通过这一平台建立自己的品牌、宣传自己的品牌。

微信公众号是在微信的基础上开发出来的，微信庞大的用户群体为微信公众号奠定了一定的用户基础，所以各大商家、企业、个人在使用微信公众平台进行品牌建设、宣传时也会拥有更广的受众人群，而且使用微信公众号进行宣传时，宣传者所花费的成本会更低，而收获的效果也会更加明显。

4. 提高客户满意度

运营者在利用微信公众号进行营销的时候，可以从客户的购买信息中找出客户所钟爱的产品类型，主推这些受欢迎的产品。

同时，运营者可以通过有奖调查或者投票等形式对客户进行产品欢迎度、想要的产品类型等方面的调查，从而能够对自家的产品作出改进，从而达到更好迎合客户需求的目的，进而提高产品销售量与客户满意度。

5. 提供用户管理功能

微信公众平台为每一位公众号运营者提供了用户管理功能，让运营者能够更加方便地管理自己公众号的粉丝。通过用户管理功能，运营者可以查看关注自己公众号的粉丝及其相关信息，还可以对粉丝进行分类，将质量差的粉丝加入黑名单。

只要用户关注了运营者的公众号，那么关注者的基本信息就会显示在这里。运营者可以通过用户管理功能对关注者进行管理，如给其打标签、加入黑名单以及修改备注。其中的打标签功能，其实就跟 QQ 的分组管理功能一样，商家可以根据客户的情况给他打上标签，从而实现对用户的精准管理。

6. 获取更多粉丝

商家可以通过在微信公众号上发布文章、图片来吸引用户的点击与阅读，获取更多的粉丝，粉丝数量越多，售出商品的概率就越大。

同时，在微信公众号的后台还有一个推广功能，商家可以通过这个推广功能来获取更多的粉丝，从而增加商品成交的概率。

1.2 账号定位：选择最适配的公众号

运营者在清楚了什么是微信公众号、了解了微信公众号的价值之后，本节将为大家讲解怎样选择微信公众号。

1.2.1 公众号的常见类型

微信公众平台给广大运营者提供了三种常见类型的公众号，每种公众号的功能和服务都会有一定的区别。下面就分别给读者介绍这三种公众号。

1. 服务号

微信公众号中的服务号指的是各大企业或者组织用来给关注者提供服务的账号，它是以服务为主的，微信服务号只能是企业或者组织才能够申请开通，个人不允许开通。服务号按认证与否，可以分为认证服务号、未认证服务号两种。图 1-2 所示为微信公众平台对服务号的相关介绍。

2. 订阅号

微信订阅号指的是媒体和个人向关注者提供信息的一种公众号。用户只要关注某一订阅号之后，就可以每天收到该订阅号发送的信息，订阅号使得媒体、个人与订阅者之间能够获得更好的沟通。图 1-3 所示为微信公众平台对订阅号的相关介绍。

订阅号自身也有一个分类，按照认证与否，订阅号可分为认证订阅号、未认证订阅号两种。

3. 企业微信

企业微信（原企业号）是一种用于政府、组织、企业等单位内部的一种公众号，它主要用于企业内部及企业上下游之间的管理，为企业的管理提供了更便利、更有效的管理渠道。图 1-4 所示为微信公众平台对企业微信的相关介绍。

服务号

给企业和组织提供更强大的业务服务与用户管理能力，帮助企业快速实现全新的公众号服务平台。

订阅号

为媒体和个人提供一种新的信息传播方式，构建与读者之间更好的沟通与管理模式。

图1-2 微信公众平台对服务号的相关介绍　图1-3 微信公众平台对订阅号的相关介绍

企业微信　原企业号

企业的专业办公管理工具。与微信一致的沟通体验，提供丰富免费的办公应用，并与微信消息、小程序、微信支付等互通，助力企业高效办公和管理。

图1-4 微信公众平台对企业微信的相关介绍

1.2.2 公众号的功能用处

在前面的章节中，笔者为大家简单介绍了公众号的种类，让大家对微信服务号、订阅号和企业号有了一个大致的了解。

接下来将介绍公众号的功能，让大家能够进一步了解这三种公众号，这也是企业或者个人选择公众号的一个重要依据。

1. 服务号

服务号分为认证服务号和未认证服务号，这两种服务号在功能上存在一些差别，认证服务号拥有6项功能，具体如下。

（1）具有九大高级接口。

（2）可以申请开通微信支付。

（3）拥有基本的消息接收、回复接口。

（4）可以在聊天页面的底部添加自定义菜单。

（5）每个月都可以向关注者群发4条消息。

（6）发送的消息将直接显示在好友的对话列表中。

和认证服务号相比，未认证服务号只有4项功能，它没有申请开通微信支付，也不具备九大高级接口功能。

2．订阅号

订阅号分为认证订阅号和未认证订阅号，这两种订阅号在功能方面没有差别，都具有4项功能，具体如下。

（1）拥有基本的消息接收、回复接口。

（2）每天都可以向关注者群发1条消息。

（3）可以在聊天页面的底部添加自定义菜单。

（4）发送的消息将显示在"订阅号"文件夹中。

订阅号是广大企业选择最为广泛的一种公众号。图1-5所示为订阅号示例——"手机摄影构图大全"。

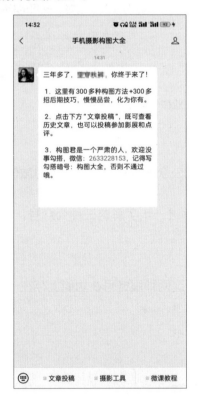

图1-5 订阅号示例——"手机摄影构图大全"

3．企业微信

企业微信的应用范围非常广泛，它可以帮助各领域的企业实现业务及管理。企业微信具有的功能包括企业通讯录、权限分级、简洁方便的标签、统一的会话入口、自由收发的消息、保密消息、应用定制、微信原生功能和安全开放的接口。

1.2.3　选择公众号前的思考

运营者在清楚了公众号的功能之后，就应该进行公众号选择的思考。运营者在决定自己选什么号之前，需要有以下几方面的思考，具体如图 1-6 所示。

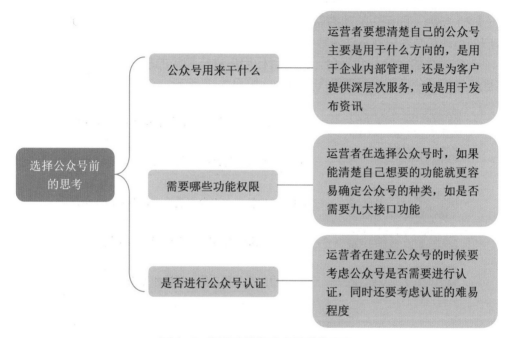

图 1-6　运营者选择公众号前的思考

1.2.4　选择适合的运营方向

微信公众平台逐渐成为商家进行商业营销的平台，也是人们日常生活中获取信息不可或缺的渠道，但是关于如何运营好微信公众平台，依然有很多商家没有掌握好其中的技巧。

想要运营好一个微信公众号，运营者首先要有一个清晰的定位，包括用户定位、服务定位和平台定位，然后根据自己的定位来确定平台的内容，确立品牌形象。

1. 用户定位

微信公众平台在运营的过程中，用户定位是至关重要的一环，只有了解了自己的目标用户，才能根据这些用户的需求，制作出相应的内容，达到最好的营销效果。微信公众号用户定位主要做两件事，具体如下。

（1）了解自己的目标用户。

（2）了解这些目标群体的主要特征。

如果运营者能够摸透这两件事，对目标群体的特征进行必要的分析，那么对后面的服务定位和平台定位都将起到直观的引导作用。通常，对目标群体特征的分析主要从两方面入手，具体如下。

（1）属性：是用户分类的基础，包括性别、年龄、居住地等内容。

（2）行为：即用户的动态属性，例如是否喜欢听音乐、是否喜欢上网、是否喜欢户外运动和是否喜欢看动漫等都是用户的行为分析内容。

一个优秀的微信公众平台，只给目标用户进行简单的群体特征分析是不够的，这些群体特征分析还需要满足几个特性，如图1-7所示。

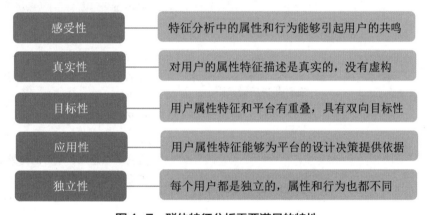

感受性	特征分析中的属性和行为能够引起用户的共鸣
真实性	对用户的属性特征描述是真实的，没有虚构
目标性	用户属性特征和平台有重叠，具有双向目标性
应用性	用户属性特征能够为平台的设计决策提供依据
独立性	每个用户都是独立的，属性和行为也都不同

图1-7　群体特征分析需要满足的特性

下面向大家介绍目标读者定位的流程。通常来说，对目标读者的定位需要经过3个步骤，具体如下。

（1）信息收集：通过多种方式收集用户的信息，例如问卷或访谈的形式，然后将这些信息制成表格，根据表格数据来分析用户的基本属性。

（2）信息分类：根据用户的信息分析出用户的基本属性后，可以将用户分成几大类，然后给这些分类的用户贴上标签，例如哪些是活跃用户、哪些是购买能力很强的用户。

（3）实现定位：在收集了用户信息、对用户分好类之后，就可以实现用户定位的最后一步——对目标群体进行全方位的用户画像，包括性别、婚姻、手机依赖性、收入、爱好和性格等内容。

2. 服务定位

众所周知，在不同的行业里，不同的产品其营销方式也有很大的不同，因此微信公众营销并不适用所有的行业和产品的，做好产品服务特色定位才是至关重要的一环。

想要投身到微信公众号营销中，就必须深入地了解自己的产业特色、产品特色，有针对性地进行产品服务定位。

如今，微信公众营销已经成为非常火热的营销工具之一，想要抢占微信公众营销高地，在众多微信公众号中脱颖而出，就必须打造出独具特色的微信公众号，那么应该怎样打造特色化的微信公众号呢？

运营者可以给自己的微信公众号进行差异化的产品和服务定位，差异化的产品和服务定位首先需要对竞争对手有一定的了解，然后分析自己与竞争对手之间的差异和优势，最终确定属于自己企业的特色服务。

除了从竞争对手的角度出发外，还要从目标用户的角度提供用户喜爱的差异化服务，如果企业的差异化服务不是用户所需要的，那么即使提出来了，也没有任何意义。

3. 平台定位

营销要求内容为王，不管是以前的网络营销，还是现在的微信营销，这都是一个永恒不变的真理。

微信作为一种新的信息传播媒介，它对平台内容的定位要求是极其严格的，内容不仅要包罗万象，还要通过多种信息载体和多种媒体形式来传达所要表达的意思。但是，很多企业不知道如何给平台的内容进行定位，也不知道要放什么样的内容才能吸引人，下面笔者为大家介绍微信公众号内容定位的方式。

运营者要想做好微信公众号内容的定位，首先就要对内容的表现形式进行细致的筛选。目前，单用文本、图片和视频等方式展示内容是完全不够的，想要通过更独特的方式去展示更完美的内容，就要对微信平台的内容表现和拓展形式有一定的了解。

例如，有的企业就通过炫酷、有趣的页面来展示内容，这种内容展示方式在微信里已经火了一段时间了；还有的企业通过语音方式，每天为用户推送一段带有关键信息的语音内容，来传达相关信息。

1.2.5 选号可参考的方法

对于运营者怎样选择适合自己的公众号类型，笔者觉得有 3 个方法运营者在选号时是可以借鉴、参考的，具体如下。

1. 进行定位

运营者在选择公众号时要明确自身的目标，找好方向，同时还要清楚你想要传递信息的对象是什么样的，这样才能确保选择的公众号是合适的。

2. 从最容易上手的公众号开始

运营者在选择公众号的时候，可以考虑从最简单的公众号类型开始，慢慢积累关注者，等所有功能都摸索透彻或者是现有功能已经无法满足商家需求了，再选择功能更多的公众号类型。

运营者不管是选择哪一种类型的公众号，都要将所选公众号的最大价值发挥出来，以求给客户提供最佳的使用体验，用户体验做好了，才能让关注者长期跟随。

1.3　进行注册：增加专业的个人标识

通过实操才能够更好地掌握微信公众号运营方法，在了解了微信公众号基本的理论知识后，本节就来讲解怎样申请一个属于自己的微信公众号。

1.3.1　注册个人主体公众号

如果想要注册个人主体公众号，就要提前了解注册需准备的资料和具体的注册流程。下面将介绍注册个人主体公众号的相关内容。

1. 准备资料

运营者在注册个人主体微信公众号时，要先弄清楚注册过程中该平台所需要的资料，并将这些资料准备好。微信公众平台运营者需要准备好 5 种资料，即邮箱、手机号、注册人身份证、介绍公众号的文字和用作公众号头像的图片。下面分别对准备这些资料需要注意的一些事项进行说明。

（1）邮箱。

运营者在注册微信公众平台的账号之前，需要准备一个邮箱，同时需要注意的是，用来注册的邮箱必须是未被微信公众平台注册、未被微信开发平台注册、未被个人微信号绑定的邮箱。

（2）手机号。

运营者在注册微信公众平台时，必须要填写手机号，用于接收平台发送的验证码，所以运营者要提前准备好一个使用中的电话号码。

（3）注册人身份证。

运营者在注册微信公众号时，必须要填写自己的身份证号码，所以运营者要提前准备好自己的身份证。

（4）功能介绍的文字。

运营者在申请微信公众号的过程中，需要写一段文字对自己的公众号进行功能介绍。因此，运营者还需要准备好公众号简介文字的相关资料。

微信公众号的功能介绍，相当于运营者对自己的公众号定位的文字描述，能够让用户在看见公众号时就清楚它所要传递的内容。

因为公众号介绍一个月只能修改 5 次，所以运营者在写这段文字之前就应该提前准备好，避免到时候仓促填写。而且，公众号功能介绍的文字字数要控制在 4 ~ 120 字，运营者在准备的过程中要注重文字的精简，但同时也要突出公众号的特色。

（5）公众号头像图片。

公众号头像图片也是运营者在申请微信公众号时必须要准备的一项资料。微信公众号头像图片在一定程度上代表了公众号的形象，它能在第一时间给用户留下视觉上的印象，吸引用户的眼球。

微信公众号的头像一旦确定了，不到万不得已就尽量不要更换。因为，现在大部分微信用户关注的公众号数量都非常多，可能订阅者好不容易通过公众号头像记住了你的微信公众号，你一换头像，可能就会导致订阅者一时找不到你的公众号，从而将你的公众号遗忘。

因此，运营者为了确保自己设置的公众号头像图片能长久不换，就一定要提前准备好，而且最好选择跟企业相关的头像。图 1-8 所示为以企业标志图片做头像的微信公众号——"腾讯视频 VIP"和"百度搜索"。

图 1-8 以企业标志图片做头像的公众号

2. 注册步骤

新媒体运营者在做好了申请微信公众号的相关准备之后，就可以正式申请一个属于自己的公众号了。具体来说，个人可以通过以下步骤注册微信公众号。

步骤①　进入微信公众平台官网默认页面，单击页面右上角的"立即注册"超链接，如图1-9所示。

步骤②　操作完成后，进入"注册"页面，选择需要注册的账号类型，单击对应类型的位置。这里以订阅号的注册为例进行说明，所以单击的是"订阅号"所在的位置，如图1-10所示。

图1-9　单击"立即注册"按钮　　　图1-10　选择需要注册的账号类型

步骤③　操作完成后，进入"基本信息"页面，在"邮箱"一栏中，❶输入具体的邮箱；❷单击下方的"激活邮箱"按钮，如图1-11所示。

步骤④　进入"发送邮件"页面，❶输入下方显示的验证码；❷单击下方的"发送邮件"按钮，如图1-12所示。

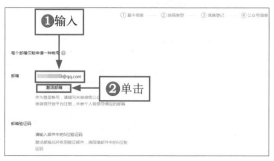
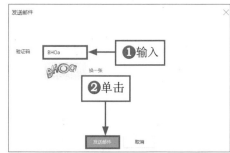

图1-11　填写邮箱　　　　　　　图1-12　输入验证码

步骤⑤　执行操作后，进入QQ邮箱，记住或者复制邮件中的验证码，返回"基本信息"页面，❶输入邮箱验证码、密码和确认密码等信息；❷勾选"我同意并遵守《微信公众平台服务协议》"复选框；❸单击"注册"按钮，如图1-13所示。

步骤⑥　进入"选择类型"页面，❶选择企业注册地；❷单击"确定"按钮，如图1-14所示。

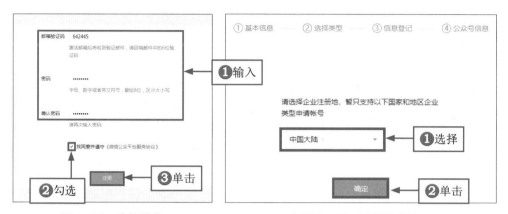

图 1-13　确认信息　　　　　　　　图 1-14　选择注册地

步骤 07 执行操作后，即可选择账号类型，页面上显示有订阅号、服务号、企业号 3 种账号类型。这里以选择订阅号为例进行说明，单击"订阅号"右下方的"选择并继续"超链接，如图 1-15 所示。

图 1-15　单击"选择并继续"超链接

步骤 08 完成操作后，进入"信息登记"页面，在"用户信息登记"选项下，选择主体类型为"个人"，如图 1-16 所示。

图 1-16　选择主体类型为"个人"

完成上述操作后，继续按照页面上提示的步骤进行操作，逐一填写好主体信息、管理员信息、创作者信息和公众号信息。全部操作完成之后，即可成功注册个人主体公众号。

1.3.2 注册企业主体公众号

运营者如果打算注册企业主体的微信公众号，其需要准备的注册资料相对于注册个人主体来说要多一些。下面将介绍注册企业主体公众号的相关内容。

1. 准备资料

与个人主体相同，企业主体在注册公众号时需要准备的资料包括邮箱、手机号和注册人身份证。但是，注册企业主体公众号的不同之处是多了营业执照这一项。

运营者在注册的过程中，需要输入企业的营业执照注册号或者社会信用代码。同时，如果运营者注册的是企业号下的企业主体，还需要准备营业执照扫描件或者是营业执照的数码照，并且照片大小不能超过 5 M，具体要求如图 1-17 所示。

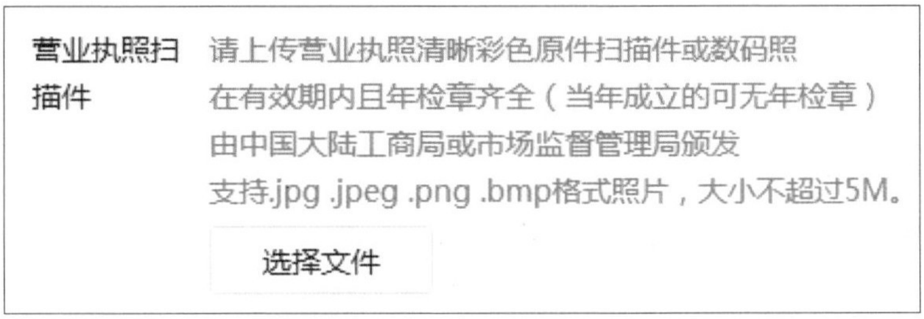

营业执照扫描件 请上传营业执照清晰彩色原件扫描件或数码照
在有效期内且年检章齐全（当年成立的可无年检章）
由中国大陆工商局或市场监督管理局颁发
支持.jpg .jpeg .png .bmp格式照片，大小不超过5M。

选择文件

图 1-17 注册企业主体公众号需准备的营业执照扫描件信息

2. 注册步骤

注册企业主体公众号与注册个人主体公众号的步骤大体一致，只有一些细微的区别，所以不再讲述具体的步骤。运营者只需在"信息登记"页面中，注意将主体类型选择为"企业"，然后根据页面提示，将需要填写的信息都如实填写即可。

1.4 认证准备：提升公众号的威信力

开通微信公众号之后，接下来要做的事情就是认证微信公众号。这一点千万不要忽略，因为运营者进行微信公众号认证是很有必要的，尤其是对于那些注重品牌的企业来说，其重要性更为突出。本节就来介绍微信公众号认证的相关事项。

1.4.1 认证前的资料准备

如果运营者决定进行微信公众号营销，那么最好尽快完成公众号的认证。运营者进行微信公众号认证有 3 点好处，具体如下。

（1）提高公众号权威性。运营者进行微信公众号认证，能让自己的公众号更具公信力，可以提高公众号的权威性。

（2）使搜索排名更靠前。对于用户在微信内进行信息搜索等方面有积极的帮助，能让自己的公众号更靠前。

（3）获得更多功能。运营者进行微信公众号认证之后，可以获得更多的功能，为平台订阅者提供更优质的服务。

运营者在清楚了微信认证的好处之后，还需要清楚认证的类型，这样才能够清楚自己是否具备认证微信公众号的条件。

运营者在清楚了认证的条件之后，还需要清楚每种主体认证所需的资料，这样才可以提前将所需资料准备好，节省认证时间。图 1–18 所示为各类型认证主体在认证时需要提交的材料。

各类型认证主体需要提交的资质材料。

包括但不限于以下材料：

企业法人：《组织机构代码证》；《企业工商营业执照》；

个体工商户：《个体工商营业执照》

媒体：《组织机构代码证》；《企业工商营业执照副本》或《事业单位法人证书》

广播电视应上传《广播电视播出机构许可证》或《广播电视频道许可证》；

报纸需上传《中华人民共和国报纸出版许可证》；

期刊杂志需有《中华人民共和国期刊出版许可证》；

网络媒体需要提供《互联网新闻信息服务许可证》或《信息网络传播视听节目许可证》。

政府及事业单位：《组织机构代码证》

其他组织-免费：《组织机构代码证》；相关登记证书、批文或证明等：基金会请上传《基金会法人登记证书》，外地常设机构请上传其驻在地政府主管部门的批文，外国驻华机构请上传国家有关主管部门的批文或证明，居民委员会、村民委员会、社区委员会等其他组织请上传主管部门的批文或证明，独立核算的附属机构请上传主管部门的基本存款账户开户许可证和批文。

社会团体：《组织机构代码证》；《社会团体登记证证书》；如果是宗教团体还需要提供宗教事务管理部门的批文或证明。

民办非企业：《组织机构代码证》；《民办非企业登记证书》；非事业单位的培训教育机构，需要提交其自身所有权的《办学许可证》。非事业单位的医疗机构包括美容，需要提交其自身所有权的《医疗机构执业许可证》等。

其他盈利组织：《组织机构代码证》；相关登记证书、批文或证明等。

图 1–18　各类型认证主体在认证时需要提交的材料

1.4.2　公众号的认证步骤

在了解了所需准备的资料之后，接下来将为大家介绍微信公众平台的认证步骤。

1. 进入认证界面

运营者打开微信公众平台，登录公众号，进入其后台，然后在左侧的"设置与开发"栏中，单击"微信认证"按钮，即可进入微信认证页面，最后单击该页面中的"开通"按钮，即可开始进行认证。

2. 同意协议

在"同意协议"页面中，同意《微信公众平台认证服务协议》的相关内容。

3. 填写资料

在"填写资料"页面填写认证的相关资料，首先是选择认证类型，然后按要求填写其他认证资料，如企业资质信息、对公账户信息和认证联系人信息等。

4. 确认名称

进入"确认名称"页面后，需要填写"申请认证昵称"（账号名称），选择命名方式，并上传商标注册证书和商标授权书。

> **专家提醒**
>
> 在"确认名称"页面中，微信认证账号的命名规则如下。
> （1）保护商标注册原则：账号名不得侵犯注册商标专用权。
> （2）认证命名唯一原则：账号名不得与已认证账号重复。
> （3）名称不得单独以人名为认证名称（个人不支持微信认证）。
> （4）名称不得单独以地域名为认证名称（如北京、上海、深圳等）。

5. 填写发票

在"填写发票"页面，选择好发票类型。需要注意的是，选择发票类型后，一定要仔细核对开票信息，因为提交成功后就不能修改了。

6. 支付费用

填写完发票信息之后，需要支付微信认证服务费，它是基于腾讯提供的审核服务而支付的一次性费用，金额为300元，运营者每申请一次均应按照《微信公众平台认证服务协议》中的费率标准支付一次审核费用。

7. 认证审核

费用支付完成后，会有微信认证方的工作人员发短信或者打电话过来确认运营者的身份等相关信息，运营者认真配合即可，然后耐心等待账号审核，审核通过后即可完成微信公众号认证。在等待审核的时候，要时刻注意"通知中心"，审核通知会发送到那里，审核通过后，认证方也会通过短信等形式告知运营者。

第 2 章

平台设置——完善你的专属名片

学前提示

在微信公众号运营的过程中，有关平台的各种功能如果设置得好，将对后期的各类工作起到非常大的促进作用，如吸粉引流、安全操作和运营推广等。

本章将立足于运营发展中的公众号，为大家讲解如何玩转平台设置。

要点展示

➢ 公众号设置：提高账号的辨识度
➢ 人员设置：运营管理的重要部分
➢ 安全中心：账号安全运营的保障

2.1 公众号设置：提高账号的辨识度

提高微信公众号的账号辨识度，塑造独一无二的形象，才能吸引更多用户的关注。那么，应该如何对公众号的相关内容进行设置呢？本节将为大家详细介绍"公众号设置"这一功能。

2.1.1 账号详情

在微信公众号后台，如果运营者和管理者对目前的账号设置不满意，可以进入"公众号设置"页面下的"账号详情"页面进行修改。下面主要介绍可进行修改的6项账号内容。

1. 修改头像

头像是一个非常重要的标志，特别是微信公众号头像。人们搜索公众号的时候，其结果显示的就是头像与名称，而头像又是以图片形式呈现的账号标志，所以往往能带给用户巨大的视觉冲击，达到文字所不能实现的效果。

那么，如果想更换一个更好、更吸睛的头像，运营者应该怎么设置呢？下面将进行具体介绍。

步骤 01 进入微信公众号平台后台首页，在"设置与开发"栏中单击"公众号设置"链接，进入"账号详情"页面，单击公众号头像，如图2-1所示。

图 2-1 单击公众号头像

步骤 02 执行操作后，弹出"修改头像"页面，在"修改头像"页面，显示了头像修改的相关说明。单击"选择图片"按钮，进入相应文件夹选择一张图片，单击"下一步"按钮，如图2-2所示。切换到"确定修改"页面，单击"确定"按钮，如图2-3所示，即可完成头像修改。

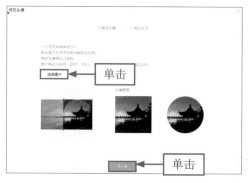

图 2-2　选择图片

图 2-3　完成头像修改

2. 修改微信号

微信号作为用户搜索和添加的途径之一，是独一无二的。因此，巧妙利用后台的微信号修改功能，设置一个更易搜索和便于记住的微信号，就显得尤为重要。接下来，本书就针对微信号的修改操作进行讲解。

步骤 01　进入"公众号设置"下的"账号详情"页面，单击"微信号"右侧的"修改"链接，如图 2-4 所示。

图 2-4　单击"修改"链接

步骤 02　执行操作后，进入"验证身份"页面，使用管理员微信扫描该页面上的二维码进行验证，如图 2-5 所示。验证完成之后，输入新的微信号，即可完成微信号的修改。

图 2-5　使用管理员微信扫描二维码进行验证

3. 下载二维码

使用二维码进行推广和分享公众号是非常方便、准确的，而在微信公众平台后台，系统提供了下载二维码的途径，下面就这一设置进行具体讲解。

步骤01 在"公开信息"选项区域,单击"二维码"右侧的"下载二维码"链接,如图2-6所示。

图2-6 单击"下载二维码"按钮

步骤02 执行操作后，打开"二维码下载"页面，在"公众号二维码"页面可自行选择不同边长的二维码进行下载，切换到"搜一搜与二维码"页面，即可下载线下物料素材，如图2-7所示。

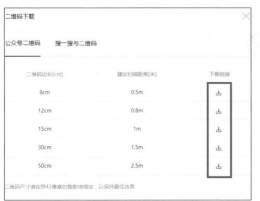 

图2-7 "二维码下载"页面

4. 修改介绍

显示在资料页面的"介绍"是用户了解该公众号的入口和关键，假如它能树立一个好的企业和品牌形象，那么用户搜索之后就可能会点击关注。运营者在已有公众号的情况下，需要设置一个更吸引人的"介绍"，那么应该怎样操作呢？具体方法如下。

步骤 ① 进入"公众号设置"下的"账号详情"页面，单击"介绍"最右侧的"修改"链接，如图 2-8 所示。

图 2-8 单击"修改"链接

步骤 ② 执行操作后，弹出"修改功能介绍"页面，输入修改的功能介绍内容，单击"下一步"按钮。切换到"确定修改"页面，单击"确定"按钮，如图 2-9 所示。

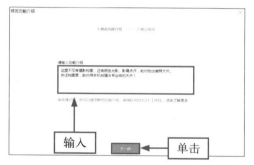

图 2-9 "修改功能介绍"对话框

5. 年审认证

微信公众号跟企业的营业执照一样，每过一年就需要年检一次，其年审主要是检查一下信息有无更改，起到及时更新信息的作用。

微信公众号的年审一般系统会提前 2～3 个月开始提醒，只要按照提醒的窗口进入年审页面即可，然后按照它的要求提交认证信息、认证费用，最后资料费用都提交完之后，还有一个为期 15 天的认证审核过程。审核完成之后，腾讯公司将反馈审核结果，而年审到此也就告一段落了。

6. 登录邮箱

在"账号详情"页面最下面的"注册信息"栏下，运营者可以修改登录邮箱，具体操作方法如下。

进入"公众号设置"下的"账号详情"页面，滑动鼠标至此页面最下端，在"注册信息"栏下单击"登录邮箱"最右侧的"修改"链接，如图2-10所示。

图2-10 单击"修改"链接

专家提醒

关于公众号的账号信息，除了上述介绍的内容外，其实还有其他内容也是可以进行修改设置的，如"公开信息"中"视频号"的绑定、"客服电话"和"所在地址"的设置、"账号迁移"和"法定代表人"的绑定以及"注册信息"中的"注销账号"等操作，在此就不再详细介绍。

2.1.2 功能设置

在微信公众号后台的"公众号设置"页面，除了可以通过选择"账号详情"进行设置外，还可以选择"功能设置"选项进行相关操作。

1. 隐私设置

在"功能设置"页面，排在第一位的是"隐私设置"，这是管理者和运营者对是否能通过名称搜索到自身公众号的功能设置，其操作方法如下。

步骤01 进入"功能设置"页面，单击"隐私设置"功能右侧的"设置"链接，如图2-11所示。

步骤02 执行操作后，进入"隐私设置"页面，其中显示"是"和"否"两个单选按钮。选中"是"单选按钮，则是允许通过名称搜索到自身公众号；选"否"，则相反。在此选中"是"单选按钮，单击"确定"按钮即可完成设置，如图2-12所示。

2. 水印设置

要想让微信公众号的图片给用户留下深刻的印象，图片的水印也是微信公众运营者需要注意的一个问题。给图片打水印的意思就是给公众号的图片加上专属于该公众号的水印。同样的，这一操作也可以在"功能设置"中完成，具体操作如下。

步骤01 进入"功能设置"页面，单击"图片水印"功能右侧的"设置"链接，如图 2-13 所示。

步骤 02 弹出"图片水印设置"页面，图片水印的设置有"使用微信号""使用名称"和"不添加"3 种形式。在此选中"使用名称"单选按钮；单击"确定"按钮，如图 2-14 所示，即可为图片添加水印。

图 2-11　单击"设置"链接

图 2-12　隐私设置

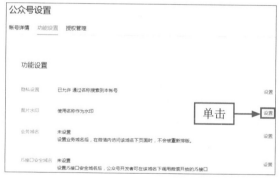

图 2-13　单击"设置"链接

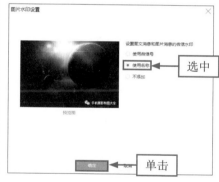

图 2-14　图片水印设置

3. 业务域名

"功能设置"页面中，在"图片水印"选项的下面是"业务域名"选项。设置业务域名后，在微信内访问该域名下的页面时，就不会被重新排版。而且，用户在该域名上进行输入时，也不会出现安全提示，下面将介绍具体的操作方法。

步骤 01 进入"功能设置"页面，单击"业务域名"功能右侧的"设置"链接，如图 2-15 所示。

步骤 02 弹出"业务域名"页面，填写域名，单击"保存"按钮，如图 2-16 所示，即可成功设置业务域名。

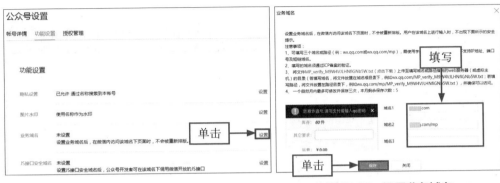

图2-15　单击"设置"链接　　　　　图2-16　设置业务域名

4. JS 接口安全域名

"功能设置"页面的最后一个功能是"JS 接口安全域名"，设置 JS 接口安全域名后，公众号开发者可在该域名下调用微信开放的 JS 接口，下面将介绍具体的操作方法。

步骤 01　进入"功能设置"页面，单击"JS 接口安全域名"功能右侧的"设置"链接，如图 2-17 所示。

步骤 02　弹出"JS 接口安全域名"页面，填写域名，单击"保存"按钮，如图 2-18 所示，即可成功设置 JS 接口安全域名。

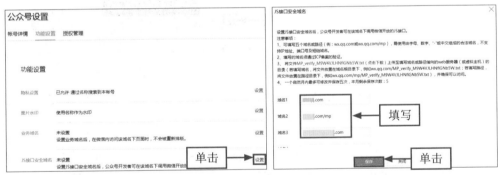

图2-17　单击"设置"链接　　　　　图2-18　设置 JS 接口完全域名

2.1.3　授权管理

在微信公众号后台的"公众号设置"页面，还有一个"授权管理"选项，在此页面中，运营者可以将公众号授权给第三方平台，也可取消授权，下面笔者就对此操作方法作详细介绍。

步骤 01　进入"授权管理"页面，单击"操作"栏下的"查看平台详情"链接，如图 2-19 所示。

图 2-19　单击"查看平台详情"链接

步骤 02　进入"平台详情"页面，运营者可以查看第三方平台的基本信息和已授权的权限列表。单击"取消授权"按钮，如图 2-20 所示，即可取消对此平台的授权。

图 2-20　取消授权

2.2　人员设置：运营管理的重要部分

运营微信公众号的过程主要涉及运营工作的管理者和运营者。其中，管理员微信号可以通过设置风险操作保护、风险操作提醒等操作来保护账号安全，运营者微信号（长期及短期）可在开启安全保护下，进行登录账号和群发消息的操作。

2.2.1　管理员信息

管理员只能设置一个，负责管理一些涉及账号安全的操作。那么，它是怎样进行设置的呢？下面将为大家进行讲解。

步骤 01 进入"人员设置"页面，单击"管理员信息"最右侧的"修改"按钮，如图 2-21 所示。

图 2-21 单击"修改"按钮

步骤 02 执行操作后，弹出"修改管理员信息"对话框，需要先用管理员微信扫描图中的二维码进行验证，如图 2-22 所示，验证成功后即可对管理员信息进行修改。

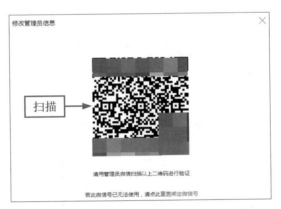

图 2-22 用管理员微信扫描二维码进行验证

2.2.2 运营者管理

运营者可分为长期运营者和短期运营者，长期运营者是指经管理员确认授权后，可长期进行登录和群发操作。短期运营者是指经管理员确认授权后，一个月内可进行登录和群发操作，一个月后权限会自动过期，如需继续运营要重新绑定。

在运营者管理页面，只能绑定 5 个长期运营者和 20 个短期运营者，具体的操作步骤如下。

步骤 01 进入"人员设置"页面，在"运营者管理"选项区域，我们可以看到此时已绑定了 5 个长期运营者，单击"操作"栏下的"解除绑定"按钮，即可解除此账号的运营者权限。单击右上角的"绑定运营者微信号"按钮，如图 2-23 所示。

图 2-23　单击"绑定运营者微信号"按钮

步骤 02 执行操作后，弹出"绑定运营者微信号"对话框，由于长期运营者的名额已满，所以系统自动将绑定时长设置为"短期（一个月）"。输入需要绑定的运营者微信号，单击搜索按钮 🔍，再单击"邀请绑定"按钮，如图 2-24 所示。操作完成后，只需微信公众号扫码，被邀请微信号接受邀请，便可以将被邀请微信号设置为公众号短期运营者。

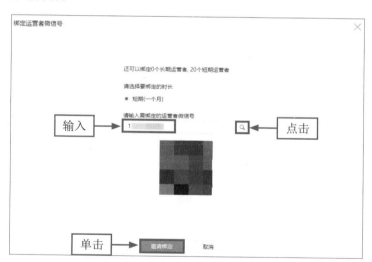

图 2-24　绑定运营者微信号

2.3　安全中心：账号安全运营的保障

只有保障账号运营安全无虞，管理者和运营者才能放心操作。那么，怎样才能提升公众号的安全系数，实现放心操作的目标呢？这一问题，可通过微信公众平台后台首页"设置与开发"栏的"安全中心"来解决。

2.3.1 风险操作保护

在微信公众平台后台的"安全中心"页面共有5项内容，"风险操作保护"就是其中之一。开启了风险保护操作的公众号，当其在进行有风险的操作时需要进行验证。那么，应该怎样开启风险操作保护呢？下面将详细介绍。

步骤01 进入"安全中心"页面，单击"风险操作保护"最右侧的"详情"按钮，如图2-25所示。

图2-25　单击"详情"按钮

步骤02 执行操作后，进入"风险操作保护"页面，可以查看其具体内容，如图2-26所示，还可在"操作"栏下方进行"关闭保护"或"开启保护"的操作。

图2-26　"风险操作保护"页面

另外，单击"风险操作提醒"右侧的"详情"按钮，进入"安全提醒"页面，在此页面中单击"开启"按钮，如图2-27所示，即可开启安全提醒功能。

图2-27　单击"开启"按钮

而进入"安全操作记录"页面则可以查看当前公众号的安全操作记录，如图 2-28 所示。

图 2-28 "安全操作记录"页面

2.3.2 IP 白名单

在运营微信公众号的过程中，如果没有开通 IP 白名单，就不能获取 access_token（访问令牌），自然也就不能调用各接口了。换句话说，开通白名单才能获取调用各接口的 access_token。那么 IP 白名单应该如何设置呢？具体操作如下。

步骤 01 进入"安全中心"页面，单击"IP 白名单"右侧的"去设置"按钮，如图 2-29 所示。

图 2-29 单击"去设置"按钮

步骤 02 执行操作后，弹出"IP 白名单设置"对话框，在文本框中输入 IP 地址，单击"确认修改"按钮，即可为微信公众号设置 IP 白名单。如图 2-30 所示。

在进行设置的过程中，IP 地址应该怎么确认？这一问题其实不难解决，在"IP 白名单设置"对话框中，单击"点击了解"文字链接即可查看相关步骤。

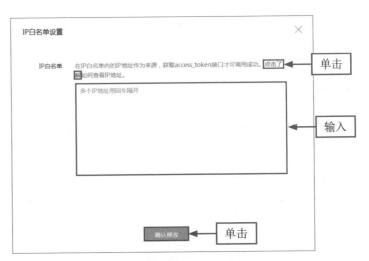

图 2-30 "IP 白名单设置"对话框

专家提醒

access_token 是 Windows 作业系统安全性的一个概念。一个访问令牌包含了此登入会话的安全信息。当用户登入时，系统会创建一个访问令牌，然后以该用户身份运行的所有进程都将拥有该令牌的一个拷贝。

该令牌唯一表示该用户、用户的组和用户的特权。系统使用令牌控制用户可以访问哪些安全对象，并控制用户执行相关系统操作。

2.3.3 修改密码

在运营微信公众号的过程中，密码是"安全中心"中极为重要的一项。所以说，保护好微信公众号的登录密码是非常有必要的，一旦微信公众号出现异常情况，运营者一定要注意起来，最保险的办法就是重新修改登录密码。那么密码应该如何修改呢？具体操作如下。

步骤 01 进入"安全中心"页面，单击"修改密码"右侧的"修改"按钮，如图 2-31 所示。

图 2-31 单击"修改"按钮

步骤 02 进入"修改密码"页面，如图 2-32 所示，需要用管理员微信扫描图中的二维码进行验证，验证通过之后，即可修改密码。

图 2-32 "修改密码"页面

第 3 章

内容创作——打造热门爆款文章

学前提示

如果将标题、正文定义为一篇文章的精华，那么标题就在很大程度上决定了文章的打开率，而正文则决定了文章的价值，这两样每一样都不容运营者忽视。在本章中，笔者将告诉用户怎么去雕琢文章的标题与内容。

要点展示

➢ 标题拟写：吸引目标受众的第一步
➢ 正文写作：助力文章更上一层楼

3.1 标题拟写：吸引目标受众的第一步

标题在很大程度上决定了一篇文章的好坏、打开率和阅读量，因此运营者要认真对待文章的标题，拟定出目标受众感兴趣的标题，让目标受众第一眼就对你的文章产生兴趣。本节将介绍标题拟写的相关事项。

3.1.1 4个注意的事项

运营者在给文章拟写标题之前，首先需要了解清楚，拟写文章标题需要注意的事项，这样运营者在写文章标题时才不会出错。

1. 了解文章标题的作用

相信大家在浏览各种文章的时候，都免不了被一些文章的标题所吸引，然后点开文章阅读。先不说这些文章内容质量的高低，仅凭它能吸引用户点进去阅读这一点，这篇文章就成功了一半。

文章标题的好坏，这一点在微信公众平台上显得尤为重要。因为，据众多在微信公众平台上推送文章的媒体人反映，该平台文章阅读量的多少，在很大程度上是由文章标题的好坏决定的。

一个好的文章标题主要具有以下几方面的作用。

（1）提炼文章内容。

（2）引起浏览者阅读欲望。

（3）增加点击率、流量。

（4）为运营者获得更多人气。

2. 明白标题创作的原则

衡量一条标题的好坏，除了看它有没有吸引力，还包括一些原则，只有在遵循这些原则的基础上撰写的标题，才能称得上是优秀的标题。这些原则主要有以下5条。

1）换位思考原则

运营者在拟定文章标题的时候，不能仅仅只站在自己的角度去想推出什么，更要站在用户的角度去思考。也就是说将自己当成用户，如果你想知道这个问题，你会用什么搜索词搜索这个问题答案。这样写出来的文章标题就会更加接近用户心理，文章搜索排名也就会更加靠前。

运营者在编写文章标题的时候，可以先将有关的关键词输入搜索引擎中进行搜索，运营者就会发现许多用户提出的各种各样问题的文章，然后从排名靠前的文章中找出它们写作标题的规律，再将这些规律用于自己要撰写的文章标题中。

2）新颖原则

运营者要让自己文章标题形式变新颖，这一点在微信公众平台上很重要。因为运营者在微信公众平台上发布文章后，需要经过平台的审核才能决定是否通过，而平台在审核时会对全网的文章进行查重，运营者如果标题跟其他文章相同，那么就会被平台判定为非原创，文章就可能会审核不通过。

因此，运营者在撰写文章标题时，一定要注意标题的新颖原则，下面介绍几种比较实用的标题形式。

- 文章标题写作要尽量使用问句，这样能引起人们的好奇心，吸引那些有这方面问题困扰的用户。
- 文章标题创作时要尽量写得细致点，因为这样才能给用户更加可信的感觉，从而也就更有吸引力。特别是在标题里加入数字的手法，数字对于用户的冲击力还是相当大的。
- 要尽量将利益写出来，无论是用户阅读这篇文章后所带来的利益或者这篇文章中涉及的产品或服务所带来的利益，都应该在文章的标题中直接告诉用户，从而增加标题对用户的吸引力。

3）收录原则

一篇文章如果想要发挥价值，首先必须得被网站收录，只有被收录的文章才有被传播的可能，存在自己电脑里的文章，是没有任何价值可言的。

一个好的文章标题才能够让网站收录，因此运营者一定要根据网站收录原则最重要的一点——原创，对自己平台上文章的标题进行全新创作，在新颖的同时，还要跟事实、热点和流行语沾边，这样才能被网站快速收录。

运营者在进行标题写作的时候，可以先将写好的文章标题放到网上去查一下，如果搜索到很多类似的标题，那就要考虑换一个说法了。

4）分阶段的原则

运营者首先要清楚的一点是，如果你在文章中阶段性地插入了一些自己经营的产品的软文广告，那么就要考虑到用户在不同阶段搜索该文章中涉及的产品关键词是不同的。那么相对应地，运营者在撰写文章标题的时候也要针对客户所处的阶段在标题中加入不同的关键词，这样才能达到精准网络营销的效果。

5）关键词组合原则

通过观察，可以发现能获得高流量的文章标题，都是拥有多个关键词并且进行组合之后的标题。

这是因为，只有单个关键词的标题，它的排名影响力不如多个关键词的标题。例如，运营者如果仅在标题中加入"面膜"一个关键词，那么用户搜索到它的结果不仅多，被收录的文章排名也不好，而在标题中加上"面膜""变美""年轻"等多个关键词，其被搜索到的概率将大大增加。

3. 能体现文章主旨

俗话说，"题好一半文"，其意思是拟定一个好的标题，就等于这个文章成功了一半。衡量一个好标题的方法有很多，而标题是否体现文章主旨就是衡量这些标题好坏的一个主要依据。

4. 善用合适的关键词

笔者在前面提到过写标题要遵守关键词组合的原则，这样才能用关键词来增加文章的"曝光率"，让自己的文章出现在更多用户的面前。在这里将给大家介绍如何在标题中善用关键词。

总的来说，运营者编写的文章除了给已经关注了运营者平台的用户阅读，另一个目的是为了吸引那些潜在的用户。因此，在进行文章标题编写的时候，运营者需要充分考虑怎样去吸引那些潜在的用户。运营者要做到在标题中善用关键词，就应该考虑到关键词是否含有词根。

例如，一篇文章的标题叫"五分钟教你快速学会手机摄影"，那这条标题中"手机摄影"就是关键词，而"摄影"就是词根，根据词根我们可以写出更多跟摄影相关的标题。

3.1.2 6 种满足用户的需求

一个好的标题能成功吸引到用户的一个重要原因，就是能满足用户的需求。好标题可以满足用户以下 6 种需求。

1. 好奇需求

大部分人都是充满好奇心的，对于那些未知的、刺激的东西都会有一种想要去探索、了解的欲望。

运营者在写文章标题的时候就可以抓住用户的这一特点，将标题写得充满神秘感，以满足用户的好奇需求，这样就能够获得更多用户的阅读，阅读的人越多，文章被分享与转发的次数也就会越多。

这种能满足用户好奇需求的文章，它的标题都是带一点神秘感的，让人觉得看了之后才可以了解事情的真相。

2. 情感需求

大部分人都是感性的，容易被情感所左右，这种感性不仅体现在真实的生活中，还体现在他们看见倾注了感情的文章中，这也是很多人在看见有趣的文章会捧腹大笑、看见感人的文章会心生怜悯甚至不由自主落下泪水的一个主要原因。

一个成功的文章标题就需要做到能满足用户的情感需求，打动用户，引起用户的情感共鸣。图 3-1 所示为"心灵鸡汤之励志正能量"公众号的一则能满足用户情感需求的文章标题。

图 3-1　能满足用户情感需求的标题

3. 私心需求

人们总是会对跟自己有关的事情多上点心，对关系到自己利益的消息多点关注，这是人类很正常的一种行为。文章标题满足用户私心需求其实就是指满足用户关注与自己相关事情的行为。

运营者在写文章标题的时候抓住人们的这一需求，将文章标题打造成这种类型的，就能够引起用户的关注。但需要注意的是，如果一篇文章写了这样的标题，那么文章里面的内容就要真正跟用户的实际利益有关，不能一点实际价值都没有。

图 3-2 所示为微信公众号"中国邮政"上一则能满足用户私心需求的文章标题。

图 3-2　能满足用户私心需求的标题

4. 娱乐需求

现如今，大部分人有事没事都会掏出自己的手机看看，逛逛淘宝、浏览微信朋友圈，以满足自己的娱乐需求。

那些传播搞笑、幽默内容的文章会比较容易满足用户的娱乐需求，如冷笑话、幽默与笑话集锦这类公众号。这类文章内容的标题给用户的感觉就是比较开心、愉快的。图 3-3 所示为公众号"搞笑段子笑话大全"上能满足用户娱乐需求的文章标题。

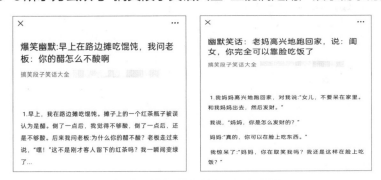

图 3-3　能满足用户娱乐需求的标题

5. 被关怀需求

在这个车水马龙、物欲横流的社会，大部分人都为了自己的生活在努力奋斗着，生活中、工作上遇见的糟心事无处诉说。渐渐地，很多人养成了从文字中寻求关怀与安慰的习惯，当他们看见那些传递温暖的文章、含有关怀意蕴的文章时，都会忍不住去点开阅读。

因此，运营者在写标题时，便可多用一些能够温暖人心、给人关注与关怀的词语，满足用户希望被关怀的需求。能够满足用户被关怀需求的文章标题，要是真正发自肺腑的情感传递。最好文章内容也充满关怀，能够与标题相呼应，这样才能让用户在最大程度上感受到温暖。

6. 价值需求

一部分用户在浏览网页、手机上的各种文章的时候，希望可以通过浏览的东西学到一些有价值的东西，以此来扩充自己的知识面、增加自己的技能。因此，运营者在拟写文章标题的时候，就可以将这一因素考虑进去，让自己编写的标题给用户一种能够满足价值需求的感觉。

这种能满足用户价值需求的文章，只要用户阅读之后觉得真的有用就会自发地将文章传播开来，让身边更多的朋友知道。能满足用户价值需求的文章标题，在标题上就可以看出文章中所蕴藏的价值。

图 3-4 所示为"手机摄影构图大全"公众号上两则能满足用户价值需求的文章

标题。

图 3-4　能满足用户价值需求的标题

3.1.3　3 种常用标题的拟写方法

要做好公众号运营，学会拟写文章标题是非常必要的，有吸引力的文章标题可以给公众号带来更多的流量。接下来，将为大家介绍 3 种常用标题的拟写方法。

需要注意的是，在这里介绍的创作标题的方法，在微信公众平台、今日头条和一点资讯等新媒体平台上同样适用。

1. 夺目法

运营者在拟写标题时可以采用夺目法，让标题看起来有点不可思议，给人以夸张的感觉，从而吸引用户的注意力，让人产生强烈的一窥究竟的欲望。

以下几种类型的标题，都可以算是采用夺目法创作出来的，运营者如果想要采用夺目法拟写标题，那么就必须掌握以下几种标题类型。

（1）警告型。

警告型标题是一种有力量又严肃的标题，说得通俗一点，就是用标题给人以警醒作用。警告型标题通常是指将警告事物的特征、功能和作用 3 部分内容移植到微信公众号文章的标题中。

警告型的标题，常以发人深省的内容、严肃深沉的语调给用户以强烈的心理暗示，尤其是警告型的新闻标题，常常因为提醒、警示后人的震慑作用而被很多公众号运营者所追捧和模仿。

（2）数字型。

数字型标题是指在标题中嵌入具体的数字，因为数字通常能给用户带来最直观的感受。一个巨大的数字能与用户产生心灵的触动，很容易让人产生惊讶的感觉，用户在看到数字之后，会更想要得知数字背后的内容。

2. 导师法

导师法是指运营者在写标题的时候，以拥有资深经验或者专家的形象来表达文字的内容，采用这种方法写出的文章标题会给人比较专业、靠谱的感觉。

（1）观点型。

所谓的观点型标题，就是以表达观点为核心的一种标题撰写形式，一般会在标题上精准到某个人，即将人名放置在标题上，在人名的后面会紧接着对某件事的个人观点或看法，下面就来看几种观点型标题的常用形式。

- "某某认为 _____"
- "某某称 _____"
- "某某指出 _____"
- "资深专家某某 _____，他认为 _____"
- "某某：_____"

（2）经验型。

经验型标题是一种很受用户喜爱的微信公众号文章标题，因为用户阅读微信公众号内的文章都是带有一种向文章取经，想在文章中吸取某一方面的经验，以达到提高自身的目的。

这种经验型的文章标题，对逻辑性的要求很高，而且需要注意的是，如果文章使用了经验型的标题，那么文章的内容就必须要具有一定的经验性、权威性或者学术性，切忌出现大量的抄袭，或者是出现在外面随便就能找到的内容。图 3-5 所示为公众号"手机摄影构图大全"上两篇典型的经验型标题的文章。

图 3-5　经验型标题

（3）励志式。

励志式标题实际上就是从自身或者他人的角度出发，以现身说法的方式来讲述一个故事，从而达到吸引用户的目的。

如今很多人都想做成某一件事，可却苦于没有将想法付诸行动的动力，而这个时候给他们看励志式微信公众号文章，让他们知道别人是怎样打破困难的阻碍，一步步走向成功的，所以用户对他人的故事都会感到特别的好奇，从而使这个标题的结构看起来很诱惑人。

现身说法式的标题模板有两种。一种模板为"_____ 是如何使我 _____ 的"。例如："5 个护肤技巧是如何使我的满脸痘印 3 个月完全消除的。"

另一种模板为"我是如何 _____ 的"。例如："我是如何从一个营销小白变成营销高手的。"

（4）鼓舞型。

鼓舞型标题是用鼓动性的词句，号召人们快速作出决定的标题。此类标题的文字都比较有感染力，能给用户传递一种鼓舞的力量，且便于记忆，使用户易于接受宣传的鼓动，从而产生参与活动的行为。

鼓舞型标题在文学修辞上要积极向上，同时也要注意不要让用户有被强迫的感觉，所以在撰写的时候，用词要恰当。

（5）指导型。

所谓指导型标题，就是针对某一个具体的事情，给出解决问题的建议、方法。这类标题会扣上"怎样""某某的养成之道"之类的字眼，这一类标题能吸引大部分的新人或者对未知领域感兴趣的用户的目光。

运营者在编写标题时，注意内容的专业性，广告插入要适当，排除硬广植入的情况发生，而且千万不要直接复制粘贴别人的文章。

3. 含蓄法

含蓄法是指运营者在拟写标题的时候，不直接明了地将文章要传达的内容在标题上表达出来，而是通过一些暗示或者提示进行文章标题创作的方法。

采用含蓄法创作的标题，主要有以下几种，运营者如果要采用含蓄法拟写文章标题，那么就需要掌握以下几种类型的标题。

（1）悬念型。

悬念型标题是指将文章中最能够引起用户注意的内容，先在标题中作个铺垫，在用户心中埋下疑问，引发用户深思从而去阅读文章内容。

利用悬念撰写标题的方法通常有 4 种，即利用反常现象造成悬念、利用变化现象造成悬念、利用不可思议现象造成悬念和利用用户的欲望造成悬念。

悬念型标题在人们的日常生活中运用得非常广泛，也非常受欢迎。用户在看电视、综艺节目的时候也经常会看到一些节目预告之类的广告，这些广告就会利用这种悬念型的标题引起用户的兴趣。

悬念型标题主要目的是为了增加文章内容的可读性，因此撰写微信公众号文章时需要注意的一点是，用了这种类型的标题之后，一定要确保文章里面的内容是能够让用户感到惊奇、有悬念的，不然就会引起用户的不满，让用户对公众号产生质疑，从而影响公众号在用户心中的地位。

运营者在设置悬念型标题之前，需要先将答案设置好，然后根据答案再来设置悬念型标题，不能只做"标题党"，要做到文章内容符合标题情况，给用户一个满意的阅读体验。

（2）问题型。

问题型标题。以提问的形式将问题提出来，用户可以从提出的问题中知道文章内容是什么。一般来说，问题型标题有6种形式，运营者只要围绕这6种形式撰写问题型标题即可。

- "什么是 _____ ？"
- "为什么 _____ ？"
- "怎样 _____ ？"
- "_____ 有哪些诀窍？"
- "_____ 有哪些秘籍？"
- "某某：当你遇到 _____ 问题时。"

图3-6所示为微信公众号"儿童心理提问"在推送的几篇具有典型的问题型标题的文章。

图3-6 问题型标题案例

（3）隐喻型。

隐喻型标题是指在文章标题中采用比喻手法进行创作的一种标题。这种方法能够使得文章标题更加新颖、更具创意，从而能给用户留下深刻的印象，引起用户阅读的兴趣和好感。

3.1.4　3 种实用标题的拟写方法

在介绍了 3 种拟写常用标题的方法之后，接下来将为大家介绍 3 种拟写实用标题的方法。同样地，拟写实用标题的这些方法不仅适用于微信公众平台，也适用于今日头条、一点资讯等新媒体平台上文章标题的创作。

1. 以"体"字结尾

运营者在编写文章标题时，创作的标题类型可以归纳成以"体"字结尾。最常见的以"体"字结尾的标题有以下 4 种，运营者如果想要采用这种方法创作标题，就要掌握这 4 种标题。

1）急迫体

现如今，很多人或多或少都会有一点拖延症，需要在他人的催促下才会愿意动手做一件事。

急迫体的公众号文章的标题就有一种类似于催促用户赶快阅读的意味在里面，它能够给用户传递一种紧迫感，让用户加快阅读文章的速度。

运营者在使用急迫体写文章标题的时候，可以加上"赶快行动""过会儿就删"等词语，让用户产生现在不看等会儿就看不了的感觉。

2）借势体

借势体标题是指在文章标题上借助社会上一些事实热点、新闻的相关词汇来给文章造势，增加点击量。事实热点拥有一大批关注者，而且传播的范围也会非常广，微信公众号文章的标题借助这些热点就可以让用户更容易搜索到该篇文章，从而吸引用户去阅读文章里的内容。

运营者在采用借势体标题的时候，需要注意热点的时效性，在人们对这一热点关注度最早或者最高的时候，将其加入自己的文章标题中去，这样才能达到最好的借势效果。

借势体标题，千万不可等到热点的大势过去了再推送这种借势体标题的文章，这样做收获的效果甚微。

3）如何体

如何体的公众号文章标题是指在文章标题上会有"如何"的字样出现，这种标题能让用户一眼就分辨出文章内容是否为自己想要的，从而决定是否继续阅读该文章。图 3-7 所示为微信公众号"手机摄影构图大全"在平台上推送的采用如何体标题的文章。

图 3-7　如何体标题案例

4）福利体

福利体的标题是指在文章标题上向用户传递一种"阅读这篇文章你就赚到了"的感觉，让用户自然而然地想要去阅读该文章。按照表达的不同，福利体的标题又分为直接和间接两种。

（1）直接表达。这种福利体标题会在文章标题上直接写有"福利"二字，让用户一看就知道该文章具有福利。图 3-8 所示为微信公众号"手机摄影构图大全"在其平台上推送的直接表达的福利体标题的文章。

（2）间接表达。这种福利体标题不直接将"福利"二字写在标题上，而是通过与福利一词具有同样意思的其他词语来传递文章中所包含的福利。例如：实用法则、导航、掌握、学会等词。图 3-9 所示为微信公众号"手机摄影构图大全"在其平台上推送的间接表达的福利体标题的文章。

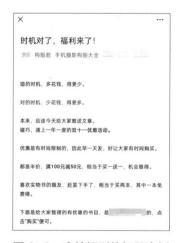 

图 3-8　直接福利体标题案例　　　　图 3-9　间接福利体标题案例

2. 以"性"字结尾

运营者在编写文章标题时，创作的标题类型也可以归纳成以"性"字结尾。最常见的以"性"字结尾的标题有以下 3 种，运营者如果要采用这种方法创作标题，那么就要掌握这几种标题。

1）专业性

专业性标题是指在标题中嵌入某个方面的专业性词语，让文章看起来更加专业，传递专业价值。这种专业性标题能够吸引那些跟专业名词相关的用户，从而达到精准吸粉的目的，这样得来的用户群能够给微信公众号带来更大的价值，而且这种粉丝的追随度会比其他粉丝更高。

但是，这种专业性的标题相对于其他类型的标题来说，关注度会偏低一点。因为其专业性使得其受众范围变小了，但是对微信公众号运营者来说，这也并不是一件坏事，宁缺毋滥，就是对这种现象最好的解释。图 3-10 所示为微信公众号"手机摄影构图大全"在其平台上推送的专业性标题的文章。

图 3-10　专业性标题案例

2）解释性

解释性的标题是指将标题分为两个部分，在标题的前部分先给出一个总结，然后再针对这个总结进行更为详细的解释。解释性的标题能够给用户一丝神秘气息，从而激发用户的好奇心。

3）趣味性

趣味性的标题是指在文章标题中使用一些有趣、可爱的词语，让整个标题给人的感觉是轻松、欢快的。这种充满趣味性的标题会给用户营造一个愉悦的阅读氛围，因此就算文章中的内容是产品宣传的广告，也不会让用户很反感。

3. 以"式"字结尾

运营者在编写文章标题时，创作的标题类型还可以归纳成以"式"字结尾。最常见的以"式"字结尾的标题有以下 3 种，运营者如果要采用这种方法来创作标题，那么就要掌握这几种标题。

1）集合式

集合式标题是指在标题上对文章中所涉及的内容进行总结分类，并直接地在标题上写出分类后的具体数字。

用户在阅读集合式标题的文章时会感觉"物超所值"，因为文章的标题看起来会比较集中，能够给用户带来较强的视觉冲击感。图 3-11 所示为微信公众号"手机摄影构图大全"在其平台上推送的集合式标题的文章。

图 3-11　集合式标题案例

2）半遮掩式

半遮掩式标题是指通过标题向用户传递文章的内容，只透露一部分内容，给用户留下一些小悬念，引起用户的兴趣又不直接告诉用户。

半遮掩式标题给用户一种"犹抱琵琶半遮面"的感觉，犹如雾里看花，朦朦胧胧，这样更能引起用户继续阅读的欲望。

3）揭露式

揭露式标题是指为用户揭露某件事物或人隐藏的不为人知的秘密的一种标题。大部分人都会有一种好奇心和八卦心理，而这种标题则恰好可以抓住用户的这种心理。揭露式标题能给用户传递一种莫名的兴奋感，从而充分引起用户的兴趣。

3.2　正文写作：助力文章更上一层楼

正文是评判文章好坏的重要因素，也是运营者吸引粉丝的重要武器之一，所以运营者需要用心对待正文。本节将介绍在公众号平台上通用的正文写作相关技巧，帮助大家做好公众号正文的写作与运营。

3.2.1 文章内容的 6 种形式

运营者在编写公众平台文章的时候，可以使用不同的形式对文章内容进行编辑，从而让自己的文章更具吸引力。

1. 文字式

文字式的微信公众平台内容是指那些整篇文章下来，除了运营者在文章中嵌入的邀请用户关注该公众号的图片或者是文章尾部的该微信公众号的二维码图片之外，内容都是用文字描述的，没有嵌入过一张图片的文章。

微信公众平台上有这种形式的内容存在，但不是特别常见。因为，这种形式的内容如果它的字数很多，篇幅很长，那么就非常容易引起用户的阅读疲劳以及抵触心理。文字式内容的优缺点具体如下。

（1）优点：文字表达的信息量集中且准确度高，用户不容易产生误解。

（2）缺点：长篇幅的文字式内容很容易引起用户阅读疲惫，从而放弃阅读。

2. 图片式

图片式的内容是指在整篇文章中，其内容都是以图片表达的，没有文字或者文字已经包含在图片里面了。微信公众平台上图片式内容的优缺点具体如下。

（1）优点：形式新颖、直观性较强的，同时也能给用户一定的想象空间。

（2）缺点：篇幅会受到一定的限制，若图片中包含文字，则阅读就不是很方便。

3. 图文式

图文式其实就是指一篇文章中包含图片和文字两种形式，这种内容的呈现形式可以是一篇文章只放一张图，也可以是多张图。如果运营者推送的是一张图的图文式文章，那么用户在这篇文章中从头到尾就只能看见一张图和文字。

如果运营者推送的是多张图的图文式内容，那么用户看见的就是一篇文章中配了多张图片和文字。微信公众平台上的图文式内容，其优缺点具体如下。

（1）优点：让文章要表达的内容主旨更鲜明，提升用户的阅读体验感。

（2）缺点：图片过多会使文章的篇幅过长，用户在阅读时会耗费更多的流量。

4. 语音式

语音式的内容指的是运营者将自己要向用户传递的内容信息，通过语音的方式发送到公众平台上。微信公众平台上的语音式内容，其优缺点具体如下。

（1）优点：能够与用户形成互动，从而更好地拉近与用户的距离，让用户感觉更亲切。

（2）缺点：容易受到外界的干扰，导致用户的信息接收不够完整，可能会错失内容中的重点信息。

5. 视频式

视频式的内容是指运营者可以把自己要向用户表达的信息拍摄成视频，发送给广大用户群。微信公众平台上的视频式的内容，其优缺点具体如下。

（1）优点：视频式的内容更具备画面感和吸引力，能快速地抓住用户的眼球。

（2）缺点：用户需花费的流量会增加，提高了用户的阅读成本，文章点击量会受到一定的限制。

6. 混搭式

混搭式的内容是指什么？顾名思义，就是运营者将上述5种形式中的一部分综合起来，运用在一篇文章里。需要注意的是，以混搭式向用户传递内容并不是指在一篇文章中要出现所有的形式，只要包含3种或3种以上，那么就可以称其为混搭式内容。微信公众平台上的混搭式的内容，其优缺点具体如下。

（1）优点：集几种形式的特色于一身，能够给用户最极致的阅读体验，让用户在阅读文章时不会感觉到枯燥乏味。

（2）缺点：图片、语音、视频等形式会使得用户在阅读时耗费非常多的流量。

3.2.2 内容编辑前的3个准备

在平台进行内容编辑之前，需要做哪些准备工作呢？接下来将介绍平台内容编辑前的准备工作。

1. 素材网站

对于微信公众平台来说，不可能每一条微信图文消息都是原创的，那样既浪费时间又浪费精力。因此，微信公众平台运营者必须了解几个适宜的素材来源网站，具体如下。

（1）微口网。

（2）微素材。

（3）微媒体排行榜。

（4）爱微帮微榜。

2. 内容提供者

运营者在编辑平台文章之前，需要先弄清楚平台文章内容有哪些信息提供者，弄清楚这个，运营者就能够清楚向哪部分人群收集平台的内容。文章内容可以从3类人群着手去搜集，具体如下。

（1）平台粉丝：微信运营者可以通过粉丝用户来搜集平台的内容，也就是说由用户为微信运营者提供微信素材和内容。

（2）运营团队：微信最重要的来源是运营者本人或者运营者背后的公司团体。

（3）专家名人：如果运营者暂时没有原创内容和粉丝提供的素材内容，可以找一些专家或者名人提供内容，不过找专家或者名人提供素材通常要支付一定的稿酬。

3. 搜集技巧

很多运营者以为公众号的运营就是建个账号、发点新闻或者搞笑段子而已，而通常这种纯广告式的微信公众平台是没有什么价值的，用户的关注度也不高。

那什么样的内容比较容易吸引用户呢？当然是那些建立在满足用户需求上的内容更加吸引人，因此运营者必须使自己推送的内容与用户需求信息保持一致，才能达到预想的效果。那么平台内容搜集有哪些技巧呢？笔者总结了 5 个技巧，具体如下。

（1）从用户感受着手。

（2）从用户需求着手。

（3）提升自身专业素养。

（4）为用户提供优惠。

（5）善于运用资源。

3.2.3　让文章决胜的 9 个技巧

运营者在撰写文章的时候，如果要想让自己的文章收获足够多的阅读量，那么就必须掌握一定的技巧。运营者需要掌握的让自己文章决胜的技巧有以下几个方面。

1. 写作必知的禁忌

随着微信时代的到来，各种微信营销信息也随之泛滥，太多没有价值的垃圾信息混杂进来，占据了大众绝大部分的视线和时间。运营者要想让自己的文章能吸引用户阅读，避开文章写作中的禁忌是关键。运营者在进行文章写作时不可犯三大禁忌，即内容老旧、信息推送过多和打广告无技巧。

2. 注重语言风格

运营者在编写文章的时候要根据运营者所处的行业，以及平台定位的订阅群体选择适合该行业的文章语言风格。合适的语言风格能够为公众平台的粉丝用户带来优质的阅读体验。以定位传播搞笑内容为主的公众号为例，那么它文章的语言风格就必须要诙谐幽默，并配上一些具有搞笑效果的图片。

3. 创建唯美封面

封面是文章非常重要的一部分，一个精美的封面，能够给平台带来的阅读量是不可估量的。对于封面图片的尺寸大小，平台给出的建议是：如果是小图片，建议200 像素 ×200 像素。笔者给出的建议是：900 像素 ×500 像素，有时候，图片尺寸过大或者过小，很容易造成图片压缩变形，那样出来的效果就会大打折扣。

4. 摘要体现价值

在编辑消息图文的时候，在页面的最下方，有一个撰写摘要的部分，这部分内容非常重要，因为发布消息之后，这部分的摘要内容会直接出现在推送信息中。

摘要尽量写得简洁明了，摘要写得好，不仅能够激发用户对文章的兴趣，还能够激发用户第二次点击阅读的兴趣。当运营者在编辑文章内容的时候，如果没有选择填写摘要，那么系统就会默认抓取文章的前 54 个字作为文章的摘要。

5. 要点吸引用户

微信公众平台的文章想要吸引用户的眼球，就需要有一定的内容要点，如何让一篇文章从众多的推送内容中脱颖而出？

站在用户的立场，对方第一要关注的就是运营者传递的消息和自己切身利益是否相关。换句话说，抓住了受众的需求，就相当于抓住了受众的眼球。

6. 掌握广告植入方法

事实证明，微信如果强推广告，不仅达不到预期的效果，反而会引起用户的强烈不满。商家要想在微信中植入广告，必须把握两个字："巧"和"妙"。那么具体如何做到这两点呢？运营者可以用以下几种类型在文章中植入广告。

1）故事型

故事因为具备完整的内容和跌宕起伏的情节，所以比较吸引大家的期待，关注度相对高。提及故事，不少人充满期待，因此运营者在植入广告时，可以充分借用这一手段，改变传统的广告硬性植入方式。

2）图片型

相比纯文字的信息，图片加软文的方式更加受用户群的欢迎。通过加入图片来进行表达或者描述品牌，会更容易收到好的效果。

3）段子型

以幽默好玩、新鲜有趣的段子来植入广告，是一个非常不错的选择，因为有趣的段子总能给人留下深刻的印象，而且对于段子高手来说，将广告信息毫不突兀地植入进去，往往能够让人赞叹其精妙创意，妙不可言。

4）视频型

可以在微信软文中加入一段运营者视频或者语音，其宣传效果比起文字的宣传效果会更好。如果想要达到更好的效果，则可以邀请名人或者网络红人录制视频或者语音。

总之，不论是让谁来录制视频，都要让用户感受到一定的意外和震撼性，因此邀请在受众心中有一定地位的人来录制，往往起到的效果是最好的。

5）舆论热点型

网络舆论热点人物或者事情的关注度都很高，因此运营者可以借助这些热点事件，撰写微信公众平台的内容，然后悄无声息地将广告植入进去。

7. 开启原创声明

随着微信公众平台各项准则的完善，原创内容越来越受到重视，为了表达这一重视，微信公众平台还推出了"原创声明"这一功能。

"原创声明"功能有哪些作用呢？获得原创声明功能的平台，一旦发现有人转载，且其内容没有注明出处，微信公众平台会自动为转载的内容注明出处并给予通知。

如果运营者发送的是自己原创信息时，就可以设置这一功能。在保护自己权益的同时，也用原创文章为自己的公众平台带来更多的用户。开启"原创声明"的操作步骤详见本书 5.5.1"插入文章超链接"中的内容。

8. 用好原文链接

在微信公众平台中，有一个地方可以添加外链，那就是"原文链接"，把握好"原文链接"功能，能够很好地进行平台导流工作。

具体的操作方法是将文章的一部分内容放在公众平台上，如果用户想要查看全文，就必须点击"原文链接"按钮，才能查看到全文。

9. 学会向用户主动求赞

如果用户很喜欢某一篇微信公众平台发送的文章内容，就有可能会点赞，点赞功能在微信内容的最下方。据了解，很多用户在阅读完文章之后，不会有意识地去进行点赞行为，所以笔者的小小建议就是，主动提醒用户去点赞，也就是主动求赞，这样往往能够收到意想不到的效果。

3.2.4 文章开头的 5 个写作技巧

对微信公众平台上的文章来说，一篇文章的开头是很重要的，其决定了用户对这篇文章内容的第一印象，因此对它要极为重视。

微信公众平台上一篇优秀的文章，在撰写文章开头时一定要做到以下 4 点。

（1）紧扣文章主题。

（2）语言风格吸引人。

（3）陈述部分事实。

（4）内容有创意。

一个好的文章开头的重要性相信大家都很清楚了，接下来将逐一介绍文章开头的 5 种写作技巧，让运营者能够用一个好开头赢得用户对公众号的喜爱。

1. 想象型

运营者在撰写想象型的文章开头时，可以稍稍运用一些夸张的写法，但不要太过夸张，基本上还是倾向于写实或者拟人，能够让用户在看到文字第一眼的同时就能展开丰富的联想，猜测在接下来的文章中会发生什么，从而产生强烈的继续阅读文章的欲望。

在使用想象型的文章开头的时候，要注意的就是开头必须有一些悬念，给用户以想象的空间，最好是可以引导用户进行思考。

2. 叙述型

叙述型也被叫作平铺直叙型，表现为在撰写文章开头时，把一件事情有头有尾、一气呵成地说出来，平铺直叙，也有的人把这样的方式叫作流水账，其实也不过分。

叙述型的方式在文章中使用并不多，更多的还是存在于媒体发布的新闻稿中。但是，在微信公众平台文章的开头中也可以选择合适的时候使用这种写作方法，如重大事件或名人明星的介绍，通过文章本身表现出来的强大吸引力来吸引用户继续阅读。

3. 直白型

直白型的文章开头，需要作者在文章的首段就将自己想要表达的东西都写出来，不隐隐藏藏而是干脆爽快。运营者在使用这种方法进行文章开头创作的时候，可以使用朴实、简洁的语言，直接将自己想要表达的东西写出来，不用故作玄虚。

使用直白类型做文章开头的时候，文章的主题或者事件必须要足够吸引人，如果主题或者要表达的事件没办法快速地吸引用户，那这样的方法最好还是不要使用。

4. 幽默型

幽默感是与他人之间沟通时最好的武器，它能够快速搭建自己与对方的桥梁，拉近彼此之间的距离。幽默的特点就是令人高兴、愉悦。运营者如果能够将这一方法用到文章的开头写作中，将会取得不错的效果。

5. 名人型

在写公众平台文章时，使用名言名句开头的文章，一般会更容易吸引受众的眼光。因此，运营者在写公众号文章的时候，可以多搜索一些跟文章主题相关的名人名言，或者是经典语录。

在公众平台文章的开头，运营者如果能够用一些简单精练同时又深扣文章主题且意蕴丰厚的语句，或者使用名人说过的话语、谚语、诗词歌赋等语句，能够使文章看起来更有内涵，从而提高公众平台文章的可读性，更好地凸显文章的主旨和情感。

3.2.5　文章中间的 4 个写作方法

一篇微信公众平台的文章，常规的写作方法有以下几种，这些写作方法虽然常规，但是只要写好了其作用却不可忽视。接下来，笔者将逐一介绍这几种常规文章中间部分的写作方法。

1. 情感型

情感的抒发和表达已经成为公众平台营销的重要媒介，一篇有情感价值的文章往往能够引起很多用户的共鸣，从而提高用户对品牌的归属感、认同感和依赖感。

情感消费和用户的情绪挂钩，一篇好的公众平台文章，主要是通过对文字、图片的组合，创作出一篇动人的故事，再通过故事挑动用户的情绪。

可以说，情感消费是一种基于个人主观想法的消费方式，这部分的用户，最关注自己以下两方面的需求，一是精神需求，二是情感需求。因此，写情感型的文章需要富有感染力，尽量起到以下几方面的作用。

（1）能启发用户智慧和思考。

（2）与用户有相同的思想感情。

（3）具备能够产生激励用户感情的作用。

2. 故事型

故事型的公众平台文章是一种容易被用户接受的文章题材，一篇好的故事文章，很容易让用户记忆深刻，拉近品牌与用户之间的距离。生动的故事容易让用户产生代入感，对故事中的情节和人物也会产生向往之情。运营者如果能写出一篇好的故事型文章，就会很容易找到潜在客户，并提高自身信誉度。

对于运营者来说，如何打造一篇完美的故事文章呢？首先需要确定的是产品的特色，将产品关键词提炼出来，然后将产品关键词放到故事线索中，贯穿全文，让用户读完之后印象深刻。同时，故事型的文章写作最好满足合理性和艺术性两个要点。

3. 技巧型

所谓技巧型的文章，是指文章以向用户普及一些有用的小知识、小技巧为中心主题。对于很多行业的运营者来说，技巧型文章非常适合用来进行宣传、推广，如某类软件的使用方法、生活中某类需要掌握的小知识等。

一般来说，技巧型的文章好写又好用，在网络上随处可见，它内容简短，写作时间耗费得少，实用性高，所以很受运营者的追捧。

4. 悬念型

所谓悬念，就是人们常说的"卖关子"。作者通过悬念的设置，激发用户丰富的想象和阅读兴趣，从而达到写作的目的。

文章的悬念型布局方式，指的是在文章中的故事情节、人物命运进行到关键时设置疑团，不及时作答，而在后面的情节发展中慢慢解开，或是在描述某一奇怪现象时不急于说出产生这种现象的原因。这种方式能使用户产生急切的期盼心理。

简而言之，悬念型文章就是将悬念设置好，然后嵌入到情节发展中，让用户自己去猜测，去关注，等到吸引了用户的注意后，再将答案公布出来。制造悬念通常有3种常用方法，即设疑、倒叙和隔断。

3.2.6 文章结尾的3个写作方法

一篇优秀的文章，不仅需要一个好的标题、开头以及中间内容，同样也需要一个符合用户需求、口味的结尾。那么，一篇优秀的文章结尾该如何写呢？接下来，笔者将介绍几种实用文章结尾的写作方法。

1. 抒情型

使用抒情型手法进行文章的收尾，通常较多的用于写人、记事的微信公众平台文章的结尾中。运营者在用抒情型手法进行文章收尾的时候，一定要将自己心中的真实情感释放出来，这样才能激起用户情感的波澜，引起用户的共鸣。

2. 祝福型

祝福型手法是很多微信运营者在文章结尾时会使用的一种方法。因为，这种祝福型的文章写作手法，能够给用户传递一份温暖，让用户在阅读完文章后，感受到运营者对其的关心与爱护，这也是非常能够打动用户内心的一种文章结尾方法。

3. 号召型

如果运营者想让用户加入某项活动，可以使用号召型手法对文章进行结尾。同时，在很多公益性的文章中，也会使用这种方法进行结尾。

使用号召型手法结尾的文章能够让用户阅读完文章内容后，对文章的内容产生共鸣，从而产生加入活动中去的强烈愿望。

第4章

排版优化——提升文章的美观度

学前提示

版式是决定用户阅读体验感的一个重要因素，只有优质的排版，才能给用户最完美的阅读体验。在本章中，笔者将介绍在公众号和新媒体平台上通用的版式优化相关技巧。

要点展示

➢ 图片设计：提升文章点击阅读率
➢ 字体格式：从基础设置开始改变
➢ 版式设计：提高文章的吸睛效果

4.1 图片设计：提升文章点击阅读率

图片承载了文章的颜值，它决定了文章的美观度，能给用户提供精神与视觉的双重享受，因此运营者要慎重对待。这一节就来重点探讨图片的展示方式，帮助用户更好地运用文章的视觉力量，提升文章的点击阅读率。

4.1.1 图片颜色

如果运营者想让自己文章中的图片吸引用户的眼球，那么所选图片的颜色搭配就要合适。图片的颜色搭配合适能够给用户一种顺眼、耐看的感觉，一张图片颜色搭配要合适需要做到以下两个方面。

1. 色彩明亮

在没有特殊情况下，微信公众号的图片要尽量色彩明亮，因为活泼的颜色更容易让人产生舒适感。这主要是因为色彩明亮的图片，能让用户眼前一亮，从而基于好奇心阅读相关文章，直接提高文章的点击率。

一般人在阅读文章的时候都希望能有一个舒适的阅读氛围，压抑的阅读环境不仅会使用户感到不适，同时也会对公众号的形象产生影响。而色彩明亮的图片就不会给用户带来这种感觉，所以图片尽量要选择色彩明亮的。

2. 与内容相适宜

微信公众号在选择图片的时候需要考虑到是否与发表的文章内容相适宜，如果文章推送的内容是比较悲沉、严谨的，那就要选择与内容相适应的颜色的图片，而且不可使用太过跳跃的颜色，这样会使得整体感觉不搭。

4.1.2 图片大小

图片除了需要注意其颜色的选择外，还应该注意选择合适的尺寸。尺寸主要包括两个方面的内容，一是图片本身的尺寸大小，即像素；二是排版中的图片显示尺寸。

软文中的图片在排版中的尺寸大小一般有一个固定范围内的大小，不可能做太大的调整。因此，为了保持图片的清晰度，必须保证图片本身的尺寸大小，以提高图片的分辨率，这是实现图片高清显示的最基本保证。

然而，图片高清显示的容量大小又关系到用户点击阅读文章信息时的用户体验。因此，在保持图片的高分辨率、不影响观看和顺利上传、快速打开的情况下，怎样处理图片容量大小成为一个非常关键的问题。

4.1.3 图片数量

除了图片的颜色之外，图片数量对于文章的排版也很重要。数量合适是指图片的多少，它可以从以下两方面来理解。

1. 排版所用图片的多少

每个公众号都有属于自己的特色，有的公众号在文章内容排版的时候会选择使用多图片的形式。图4-1所示为微信公众平台"手机摄影构图大全"微信公众号推送的多图片排版文章的部分内容展示。

图4-1　微信公众号推送的多图片文章排版展示

有的公众号在进行文章内容排版的时候，由于正文的基调比较沉重或者全篇字数较少，所以在正文中插入的图片可能只有一张。

2. 推送的图文多少

推送的图文多少是指一个公众号每天推送的文章的多少。细心的读者会发现，有的公众号每天会发送好几篇文章，而有的公众号每天只会推送一篇文章。公众号推送的图文越多，所用的侧图就会越多，反之亦然。

图4-2所示为每天推送的图文较多的公众号"罗辑思维"，而图4-3所示为每天推送的图文较少的公众号"手机摄影构图大全"。

图 4-2　推送图文多的公众平台

图 4-3　推送图文少的公众平台

4.1.4　图片的深度修图

运营者在进行微信公众号运营的时候是离不开图片的，图片是让公众号文章内容变得生动的一个重要工具。因此，运营者在使用图片给文章增色的时候也可以通过一些方法给图片"化妆"，让图片更加有特色。

运营者给自己的图片 P 图，可以让原本单调的图片变得更加鲜活起来。运营者要给图片 P 图，可以通过以下两个方法着手进行。

1. 拍摄时 P 图

公众号使用的照片来源是多样的，有的公众号使用的图片是企业或者个人自己拍摄的，有的是从专业的摄影师或其他地方购买的，还有的是从其他渠道免费得到的。

对于自己拍摄图片的企业或者个人这一类运营者来说，只要在拍摄图片时，注意好拍照技巧、拍摄场地布局、照片比例布局等，就能达到给图片"化妆"的效果。

2. 后期 P 图

微信公众号运营者如果对需要发送的图片觉得不太满意，还可以选择通过后期来给图片"化妆"。现在用于图片后期的软件有很多，如强大的 PS（Photoshop，图像处理软件）、美图秀秀等。运营者可以根据自己的实际技能水平选择图片后期软件，通过软件让图片变得更加夺人眼球。

一张图片有没有加后期，效果差距是非常大的。图 4-4 所示为同一张照片没加滤镜后期（左）跟加了滤镜后期（右）的效果对比。

图 4-4　同一张图片加滤镜后期跟没加滤镜后期的效果对比

4.1.5　长图文

长图文也是使得微信公众平台的图片获得更多关注度的一种好方法。长图文能够将文字与图片融合在一起，借文字来描述图片的内容，使其更生动、形象。两者相辅相成，配合在一起，能够使文章的阅读量获得不可思议的效益。

有一个叫作"伟大的安妮"的微信公众号，它平台上发布的文章采用的都是长图文形式，以图片加文字的漫画形式描述内容，其发布的文章阅读量都非常高，如图 4-5 所示。

图 4-5　"伟大的安妮"长图文文章部分内容欣赏

4.1.6 动图

很多的微信公众号在放图片的时候都会采用GIF（Graphics Interchange Format，图像互换格式）动图形式，这种动起来的图片确实能为公众号吸引不少的粉丝用户。

GIF格式的图片看起来更具动感，相较于传统的静态图，它的表达能力会更强大。静态图片只能定格某一瞬间，而一张动图则可以演示一个动作的整个过程，故而其效果会更好。

这些动图在文章中有的是作为正文内容的一部分，有的是在文中起纯装饰作用，而另一些则是在文末起到邀请关注的作用。图4-6所示为微信公众号"爆笑gif图"发布的GIF格式的图片。

图4-6 "爆笑gif图"发布的GIF格式图片

4.2 字体格式：从基础设置开始改变

运营者在微信后台编辑图文时，可以设置图文的字体格式，让字体格式更加美观、有特色。字体格式设置涉及的主要内容包括字号大小、文字是否加粗、文字是否倾斜、字体颜色、文字间距、页面背景、段落缩进和分隔线的使用等操作，本节将为大家介绍设置文字字体格式的操作方法。

4.2.1 设置字号

文字字号有大小之别，运营者可以根据需要设置合适的字号。那么，图文消息中的文字字号是怎样进行设置的？什么样的字号才是合适的？接下来将针对这些问题进行详细论述。首先来说设置字号大小的操作。

步骤01 在后台"首页"页面中单击"图文消息"按钮，进入图文消息编辑页面，在已经编辑好的图文消息中选中要设置字体格式的文字，如图4-7所示。单击上方16px右侧的下三角按钮，选择14px选项，如图4-8所示。

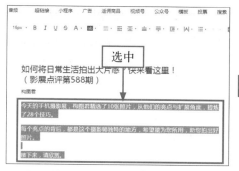

图4-7　选中要设置字体格式的文字

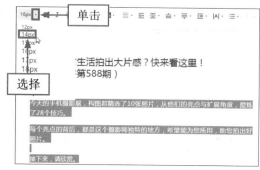

图4-8　选择14px选项

步骤02 执行操作后，选中的文字字体大小就会变成14px，效果如图4-9所示。

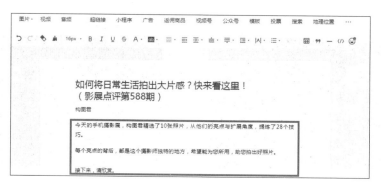

图4-9　字体大小设置完成后的效果

4.2.2　加粗字体

运营者设置好字号大小之后，还可以给字体设置加粗。下面将以上一例中的部分文字为例，为大家介绍将其字体加粗的具体操作方法。

同样地，运营者需要选中一段文字，单击上方的加粗按钮 B，如图4-10所示。执行操作后，该段文字的字体就会加粗，其效果如图4-11所示。

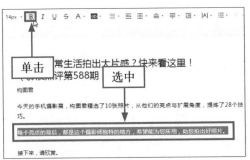

图 4-10　单击加粗按钮

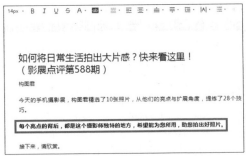

图 4-11　字体加粗后的效果

4.2.3　设置斜体

设置完字体加粗后，运营者还可以将文字设置成斜体。下面为大家介绍将一段文字设置成斜体的操作方法。

首先，同样是要选中一段文字，单击上方的斜体按钮 I，如图 4-12 所示。执行操作后，该段文字的字体就会变成斜体，效果如图 4-13 所示。

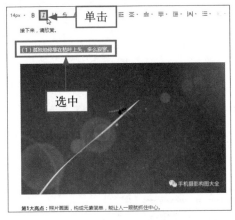

图 4-12　单击斜体按钮

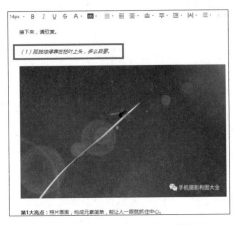

图 4-13　字体设置成斜体后的效果

4.2.4　设置颜色

如果有需要的话，运营者还可以为文字设置字体颜色，下面将以图 4-13 中的部分文字为例，为大家介绍设置字体颜色的操作方法。

选中需要进行操作的文字，如图 4-14 所示。单击上方字体颜色按钮 A 右侧的下拉按钮，选择相应的颜色色块，如图 4-15 所示。

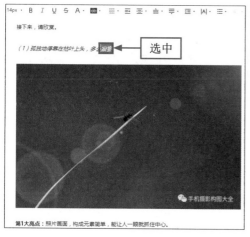

图4-14　选中文字

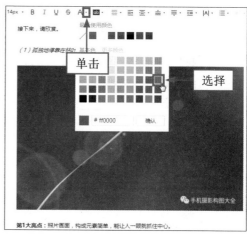

图4-15　选择相应颜色色块

专家提醒

　　在"字体颜色"下拉列表框中，可以用不同的方法选择文字颜色，具体操作方法如下所述。

　　（1）运营者在微信公众号上编辑图文消息是一种经常性的工作，会使用到一些颜色，因而在上方有"最近使用颜色"区域，可以从中选择。

　　（2）在"基本色"区域中，提供了45种颜色。另外，基本色旁边还有"更多颜色"按钮，单击该按钮，可切换到"更多颜色"页面进行选择。

　　（3）在下方的文本框中，输入颜色的相应参数，可以准确地设置相应颜色。

4.2.5　设置间距

　　文字排版中，文字之间的间距把握很重要，尤其是对于用手机浏览文章的微信用户来说。文字间距要适宜，主要指的是文字3个方面的距离要适宜，即字间距、行间距和段间距。对于这3种文字间距，具体说明如下。

1. 字间距

　　字间距指的是横向间字与字的间距，字间距的宽与窄会影响用户的阅读感，也会影响到整篇文章篇幅的长短。在微信公众号后台，设有字间距排版功能，并提供了4种字间距宽窄可以选择，具体如图4-16所示。

2. 行间距

行间距指的是文字行与行之间的距离，行间距的大小决定了每行文字纵向间的距离，行间距的宽窄也会影响到文章的篇幅长短。在微信公众号后台，设有行间距排版功能，其提供的行间距宽窄有8种，如图4-17所示。

图4-16　微信公众平台后台的字间距选项

图4-17　微信公众平台后台的行间距选项

基于用户的阅读体验，系统默认设置为1.6倍，其排版效果更适合大多数人的阅读习惯，视觉体验也会更好。

3. 段间距

文字的段间距指的是段与段之间的距离，段间距的大小决定了每段文字纵向间的距离。在微信公众号后台，图文消息的段间距设置分为段前距与段后距两种，这两种段间距功能都提供了7种间距范围选择，如图4-18所示。

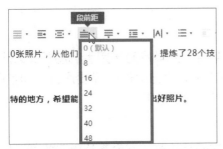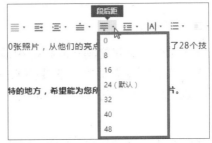

图4-18　微信公众平台的段前距与段后距选项

运营者可以根据自己平台用户的喜好去选择合适的段间距，而要弄清楚用户喜好的段间距风格，可以让用户自行投票选择，也可以直接设置成系统默认的选项。

4.2.6 选择页面背景

微信公众号后台默认的背景是白色的，如果运营者想要为图文信息或其中的某一部分添加背景色，可以通过"背景色"功能按钮来设置，其操作方法与设置字体颜色的方法类似。

运营者要先选中内容，单击上方背景色按钮 🔲 右侧的下拉按钮，选择相应颜色色块，如图4-19所示。执行操作后，这个颜色便会应用到选中的内容上，效果如图4-20所示。

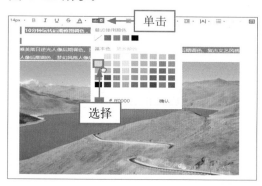

图4-19 选择相应颜色色块　　　图4-20 为图文内容设置背景色效果

从图4-20中可以看出，在微信公众号上设置背景色，其效果只会显示有图文内容的部分，其他空白区域不会显示。如果运营者想要为整个版面添加底纹，可以先在其他编辑器中设置好，然后再复制并粘贴到微信公众号后台上。

4.2.7 设置首行缩进

在图文排版中，设置首行缩进，可以让用户更清晰地感受文章的段落。在微信公众号后台，设有首行缩进的功能，如图4-21所示。

图4-21 首行缩进功能和效果

然而在运营过程中发现，在编辑内容时可能对一段文字设置了首行缩进，但是显示在手机上却是左对齐，这不免让人觉得很奇怪。

其实这个问题是很容易解决的，运营者只需要选中文本内容，单击"清除格式"按钮，然后再进行"首行缩进"的设置操作，就能完美解决这个问题了。

4.2.8 使用分隔线

分隔线的作用是将文章中的两部分内容分隔开来，运营者可以借助分隔线将文章的内容分开来，这样能给用户提供一种提醒功能，同时也能增加文章排版的舒适感，从而给读者带去更好的阅读体验。

微信公众号后台设有分隔线功能，但它是透明的，即看不到具体的线条，肉眼只能看出来文字中间空了一行，而且微信公众号后台只提供了这一种样式。所以，对于有更高要求的运营者来说，可以借助其他的软件来设计更多的分割线样式。

4.3 版式设计：提高文章的吸睛效果

如果说文章中的内容是让运营者与用户之间产生思想上的碰撞或共鸣的武器，那么运营者对文章的格式布局与排版就是给用户提供一种视觉上的享受。这一节就来重点探讨文章的版式设计，帮助用户提高文章的吸睛效果。

4.3.1 排版技巧

文章的排版对一篇文章有很重要的作用，它决定了用户能否舒适地看完整篇文章。因此，运营者在给用户提供好内容的同时也要注意文章的排版，让用户拥有一种精神与视觉的双重体验。下面将介绍一些提升排版视觉效果的小技巧。

1. 合适的排版风格

说到给微信公众平台上的文章内容排版，选择合适的排版风格是必不可少的，其意义表现在以下两个方面。

（1）提高效率：运营者选择好排版风格后，在以后的文章排版过程中能够节省很多排版的时间，从而大大地提高工作效率。

（2）形成风格：运营者选择好合适的排版风格，有利于形成属于自己平台的独特风格，从而与其他平台形成差异化，吸引更多用户。

2. 搭配适宜的色彩

运营者在进行文章内容排版的时候，要特别注意色彩的搭配。人的眼睛对色彩非常的敏感，不同的颜色能够向人们传递不同的感觉，例如人们经常说的"红色给人以热情、奔放的感觉，蓝色给人以深沉、忧郁的感觉"。运营者在进行文章内容排版的时候，主要会涉及色彩搭配的地方是文字和图片这两个方面。

1）文字的色彩搭配

对于大部分的公众号文章而言，文字是一篇文章中的重要组成部分，它们是用户接收文章信息的重要渠道。

文章的文字颜色是可以随意设置的，并不只是单调的一个色。从用户的阅读效果出发，将文章中的文字颜色设置为最佳的颜色是非常有必要的。

文字颜色搭配适宜是让文章获得吸引力的一个重要因素，因为它能够让用户在阅读文章时眼睛不疲劳，同时还能保持文章版式整体的特色，能够满足用户对阅读舒适感的需求，从而让文章获得更多的阅读量。

运营者在进行字体颜色设置的时候，要以简单、清新为主，尽量不要在一篇文章中使用多种颜色的字体，这样会使得整篇文章给人一种调色盘的感觉。同时，文字的颜色要以清晰可见为主，不能使用亮黄色、荧光绿这类容易让人看久了眼睛产生不舒适的颜色，尽量以黑色或者灰黑色的颜色为主。

专家提醒

需要注意的是，微信公众号运营者如果要对文章中某一句话或者词语进行特别提示，那么就可以使用一些其他颜色来对该文字进行特别标注，使其更显眼。

2）图片的色彩搭配

图片同样也是微信公众号文章中的重要组成部分，有的微信公众号在推送的一篇文章中，就只有一张图片或者全篇都是图片。图片的色彩搭配适宜，首先图片要清晰，其次色彩要饱和，最后需要符合文章主题。

3. 对选用的素材进行格式清除

有时候运营者会在网上找自己想要的东西，看见合适内容后就会复制到微信公众平台的编辑栏中。但是，需要注意的是，从网上复制内容的时候有的文章会设有灰色底纹、蓝色底纹，而复制的时候运营者会将其原有的格式也复制过来，造成文章的整体底纹颜色不一样，这样会影响排版效果。因此，当运营者从网上复制内容到公众平台的时候，就要进行"清除格式"的操作。

4. 谨慎对待图文排版

虽然现在文章的内容形式有语音、视频等多种样式，但是大多数公众号的文章还是以图文结合的形式为主。所以，如果要说公众平台文章的排版，那就不得不提文章的图文排版。运营者在进行文章图文排版的时候，如果要想让版式看起来舒适就需要注意以下两点。

1）整体要统一

在同一篇文章中，用到的图片版式要一致，这样给用户的感觉就会比较统一，具有整体性。图片版式的一致指的是，如果运营者在文章内容的最开始用的是圆形图，那么后面的图片也要用圆形的；如果第一章是矩形，后面的也都要用矩形。

2）图文间距离

图文间要有间距可以分为两种，一种是图片跟文字间要隔开一段距离，不能太紧凑。如果图片跟文字离得太近，会让版面显得很拥挤，给用户带来的阅读效果不佳。

另一种是图片跟图片之间不要太紧凑，要有一定的距离。如果两张图片之间没距离，就会给用户是一张图的错觉。尤其是连续在一个地方放多张图片的时候，特别要注意图片之间的距离。

5. 善于进行总结经验

运营者可以从其他排版优秀的公众号中总结经验，汲取其中的优点，再根据自己的情况建立起属于自己的排版体系。

同时，在看见新颖、好看的排版版式的素材时，也可以将其收藏起来，建立一个属于自己的素材库，这样不仅丰富了版式资源，还可以节省很多寻找版式素材的时间，从而提高写作效率。

4.3.2 第三方排版编辑器

由于微信公众平台后台提供的编辑功能有限，只有最简单的文章排版功能，因此，对文章排版有较高要求的运营者来说就难免显得太单调了，不能够吸引用户的眼球。

随着第三方编辑器的出现，很多运营者舍弃了微信公众平台自带的编辑功能，纷纷投入第三方编辑器的怀抱，于是微信公众平台上出现了各种各样版式的文章。

版式多样能够吸引到用户，但是如果在同一篇文章中使用过多的排版方式会让版面显得很杂乱，在用户阅读文章的时候给其造成不适感。

因此，运营者在追求版式特色的同时也要注意版式的简洁，在一篇文章中不要使用太多的排版方式。有时候简洁的版式反而会在众多杂乱的版式中自成一股清流，拥有自己的特色，从而吸引更多用户。

对于运营者来说，最常用的编辑器除了微信后台之外，还有秀米排版编辑器和135微信编辑器。

1. 秀米排版编辑器

秀米排版编辑器是一款优秀的内容编辑器，用户进入秀米网站，就能看到秀米排版编辑器的首页。图4-22所示为秀米排版编辑器的内页。

2. 135 微信编辑器

135 微信编辑器主要用于简单的长图文编辑，运营者进入网站后，就能看到其主页面。图 4-23 所示为 135 微信编辑器的样式页面。

图 4-22　秀米排版编辑器的内页

图 4-23　135 微信编辑器的样式页面

第 5 章

内容发布——面向观众的重要一步

学前提示

　　对于文章来说，内容是它的内核所在，发布什么内容、传递什么信息是最直观面向用户的，有价值的、积极正面的内容才是运营者应该发布和传达的。

　　本章主要讲述公众号内容发布的步骤，为大家详细讲解怎样发布内容以及如何管理好素材内容。

要点展示

➢ 图文消息：最常使用的文章格式

➢ 其他内容形式：丰富发布的形式

➢ 内容管理：对素材库进行整理

5.1 图文消息：最常使用的文章格式

在微信公众号平台上发布消息，最常见的文章格式就是图文消息了。图文消息是指发布以图片＋文字为主的文章，可以是长篇文章，也可以是短篇文章。

图文消息非常适合阅读，能让用户一眼就注意到运营者想传达的重点，而且美观度高的图片第一眼就能吸引人的眼球。这里以微信公众平台"手机摄影构图大全"为例，图 5-1 所示为它推送的图文内容。

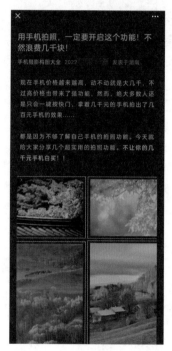

图 5-1 微信公众号推送的图文内容示例

5.1.1 插入文章超链接

为了丰富图文消息的内容，我们可以在其中插入一些超链接，这样不仅可以丰富文章的内容，而且还能够使文章的版式看起来更整洁。那么作为运营者，我们应该如何来插入超链接呢？下面笔者将进行具体的讲解。

首先，在电脑上进入微信公众平台的官方网页，登录微信公众平台账号，进入平台的后台。

步骤 01 系统会默认停留在首页，在"新的创作"选项区中，单击"图文消息"按钮，如图 5-2 所示。

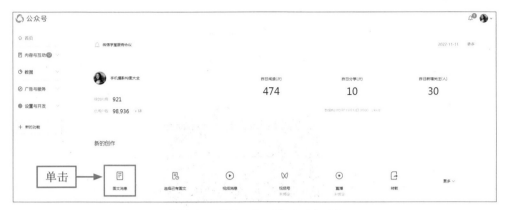

图 5-2 单击"图文消息"按钮

步骤 02 执行操作后，进入图文消息编辑页面，输入文章的标题和作者名，编写"图片＋文字"形式的正文，如图 5-3 所示。

图 5-3 编写"图片＋文字"形式的正文

专家提醒

在编写图文消息时，运营者应该结合账号本身以及文章的构思情况，来进行图片和文字的排版，使其观赏性更高。

步骤 03 执行操作后，单击图片，弹出编辑框，单击"超链接"按钮，如图 5-4 所示。

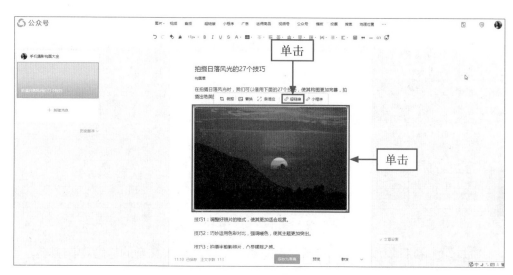

图5-4　单击"超链接"按钮

步骤 04　执行操作后，弹出"编辑超链接"对话框，选择一篇文章，单击"完成"按钮，如图5-5所示，即可完成超链接的插入。

图5-5　插入超链接

步骤 05　执行操作后，自动返回图文消息编辑页面，图片的右上角会显示一个超链接的图标，表明此图片已被插入超链接。单击图片，弹出编辑框，单击蓝色的超链接，即可跳转到超链接的位置，如图 5-6 所示。运营者可以通过这一步查看超链接是否插入错误。

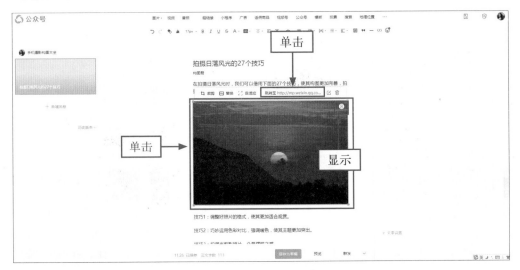

图 5-6　查看超链接

步骤 06　执行操作后，在图文消息编辑页面的"封面和摘要"选项区，将鼠标指针移动到"拖拽或选择封面"按钮上面，如图 5-7 所示，即可显示对话框，选择"从图片库选择"选项。

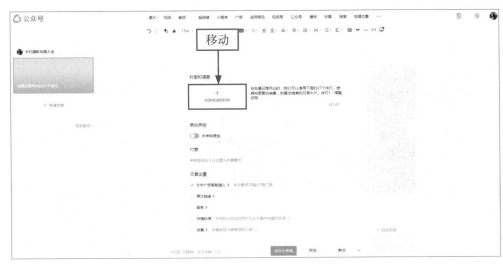

图 5-7　将鼠标指针移动到"拖拽或选择封面"按钮上面

步骤 07　执行操作后，弹出"选择图片"对话框，选择左侧的"我的图片"选项，在右侧的选项区中，选择一张图片，单击"下一步"按钮，如图 5-8 所示。

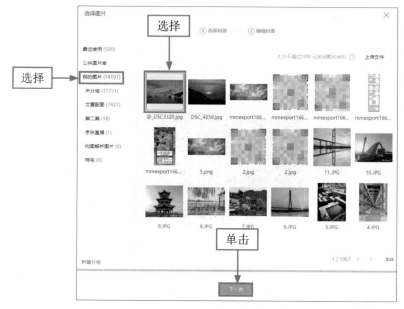

图 5-8　选择图片

步骤 08　执行操作后，按各个尺寸裁剪好封面，然后进行预览，单击"完成"按钮即可完成裁剪，如图 5-9 所示。

图 5-9　裁剪图片

步骤 09　执行操作后，即可完成封面的添加，单击"未声明原创"按钮，如图 5-10 所示。

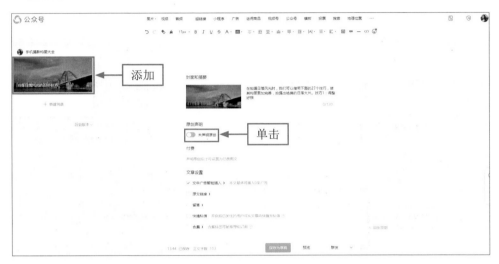

图 5-10　单击"未声明原创"按钮

步骤 10　执行操作后,弹出"声明原创"对话框,勾选"我已阅读并同意遵守《微信公众平台原创声明及相关功能使用协议》《微信公众平台赞赏功能使用协议》"复选框，单击"下一步"按钮，如图 5-11 所示。

图 5-11　"声明原创"对话框

步骤⑪ 执行操作后，选择合适的文章类别，在"赞赏自动回复"选项下选择一个回复素材，单击"确定"按钮，如图5-12所示。

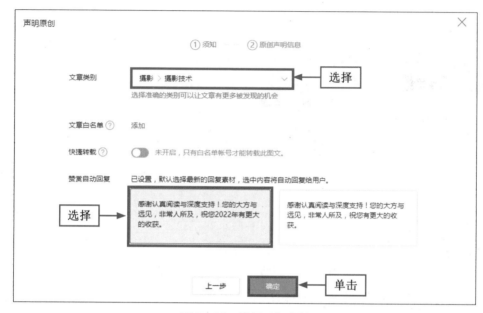

图5-12　选择回复素材

步骤⑫ 执行操作后，返回图文消息编辑页面，单击"未开启付费"按钮，如图5-13所示。

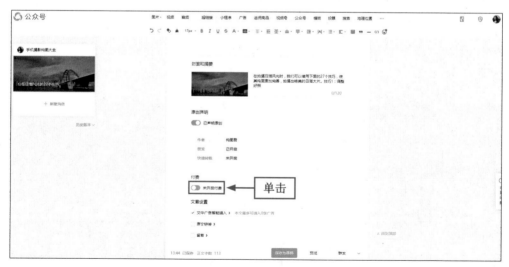

图5-13　单击"未开启付费"按钮

步骤⑬ 执行操作后，弹出"付费图文"对话框，单击"下一步"按钮，如图 5-14 所示。

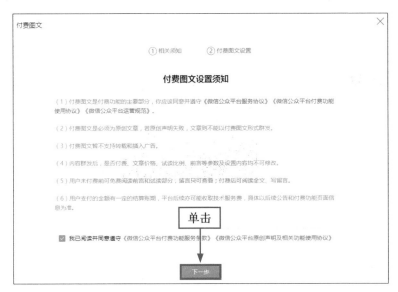

图 5-14 "付费图文"对话框

步骤⑭ 执行操作后，即可在此进行付费图文设置，单击"确定"按钮，如图 5-15 所示，即可完成设置。

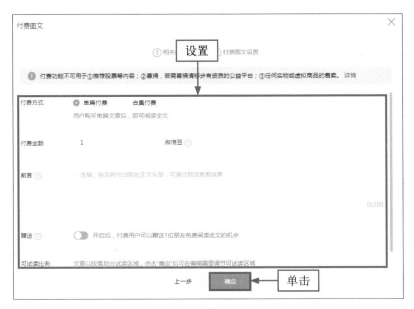

图 5-15 付费图文设置

步骤⑮ 执行操作后，系统自动返回图文消息编辑页面，单击"文章设置"按钮，如图 5-16 所示。

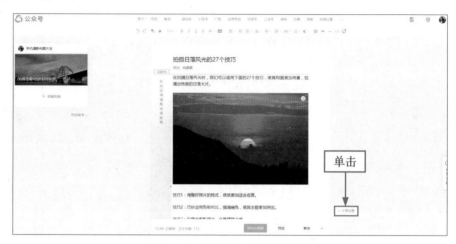

图 5-16 单击"文章设置"按钮

步骤⑯ 执行操作后，在"文章设置"选项区中勾选"留言"复选框，单击"群发"按钮右侧的下拉按钮 ˅，然后单击"发布"按钮，如图 5-17 所示，即可完成图文消息的发布。

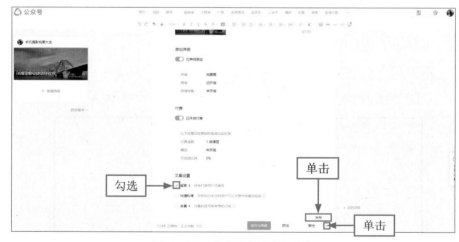

图 5-17 完成图文消息的发布

5.1.2 添加小程序

微信小程序是一种不需要下载安装就可以使用的应用，非常方便，功能也很齐全。运营者在发布文章的时候，可以对小程序进行宣传，从而吸引更多用户的关注。

那么，运营者在发布图文消息时，应该如何添加小程序呢？下面笔者将进行具体的讲解。

步骤 01　编辑好全部的图文内容后，单击"小程序"按钮，如图 5-18 所示。

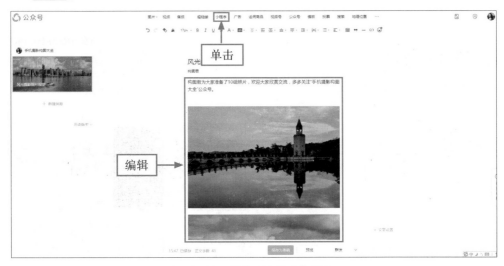

图 5-18　单击"小程序"按钮

步骤 02　执行操作后，在搜索框中输入小程序的名称，如"手机摄影构图大全"。单击搜索按钮 🔍，然后单击"下一步"按钮，如图 5-19 所示。

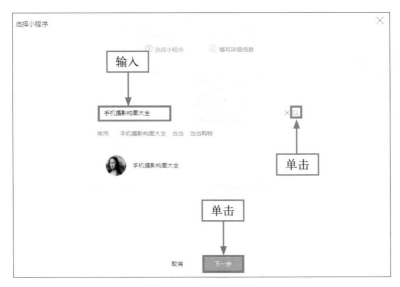

图 5-19　选择小程序

步骤 03 执行操作后，选择一个合适的展示方式，如"小程序卡片"，再给小程序卡片添加一个片头标题。在"卡片样式"选项区中单击"上传图片"按钮，选择一张合适的图片，裁剪好图片，单击"确定"按钮，如图5-20所示。

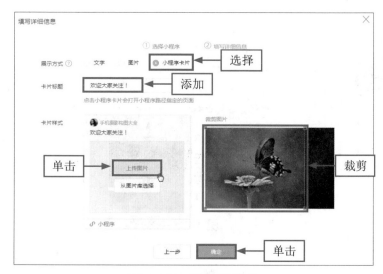

图 5-20 填写详细信息

步骤 04 执行操作后，即可完成小程序的添加，如图5-21所示。

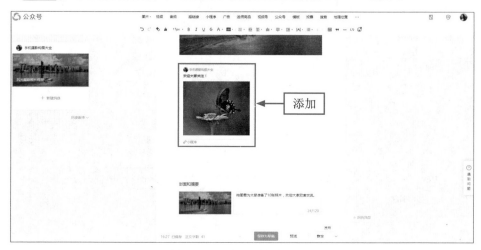

图 5-21 小程序添加完成

5.1.3 添加广告

在文章中添加广告，是大多数品牌利用社交关系链进行互动传播的方法之一，运营者在文章中添加广告，能够收取品牌的推广费，这也算是合作共赢。下面笔者将对添加广告的步骤进行详细讲解。

步骤 01 编辑好全部的图文内容后，单击"广告"按钮，如图5-22所示。

图5-22 单击"广告"按钮

步骤 02 执行操作后，弹出"选择广告"对话框，选中"智能插入"单选按钮，单击"确定"按钮，如图5-23所示，即可在文章中插入广告。

图5-23 智能插入广告

5.1.4　添加返佣商品

除了添加广告之外，运营者还可以直接通过添加返佣商品来赚取推广费。下面笔者将对添加返佣商品的操作进行具体的讲解。

步骤 ①　编辑好全部的图文内容后，单击"返佣商品"按钮，如图 5-24 所示。

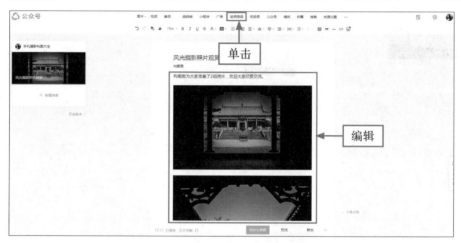

图 5-24　单击"返佣商品"按钮

步骤 ②　弹出"选择商品"对话框，切换到"历史商品"选项卡，选择需要添加的商品，单击"确认"按钮，如图 5-25 所示。

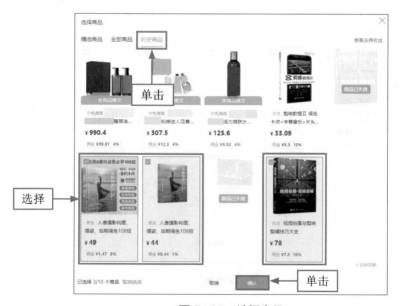

图 5-25　选择商品

步骤 03 执行操作后，即可成功添加返佣商品，如图 5-26 所示。

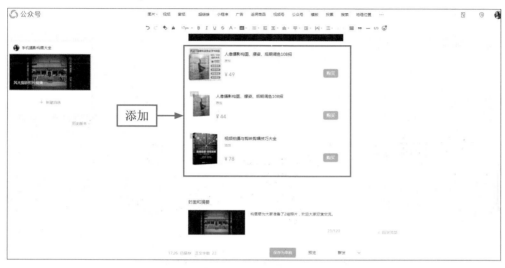

图 5-26　添加返佣商品

5.1.5　插入视频号内容

在发布图文消息时，如果觉得需要加上视频，运营者可以从视频号中发布的内容选择一条进行添加，那应该如何插入视频号的内容呢？下面笔者将进行具体的讲解。

步骤 01 编辑好全部的图文内容后，单击"视频号"按钮，如图 5-27 所示。

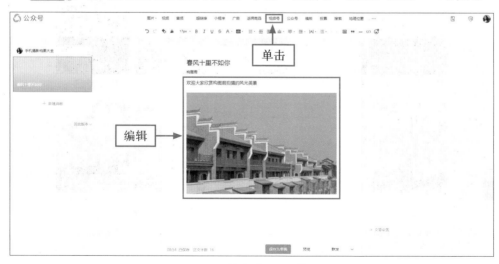

图 5-27　单击"视频号"按钮

步骤 02 弹出"插入视频号内容"对话框，输入视频号名称，如"龙飞摄影"，单击搜索按钮 Q，如图 5-28 所示。

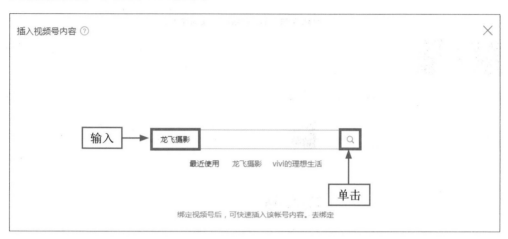

图 5-28 "插入视频号内容"对话框

步骤 03 执行操作后，单击其头像进入视频号内容主页，选择一个合适的视频；单击"插入"按钮，如图 5-29 所示。

图 5-29 选择要插入的视频

步骤 04 执行操作后，即可成功插入视频号内容，如图 5-30 所示。

图 5-30　插入视频号内容

5.1.6　插入公众号

在发布图文消息时，运营者也可以在文章的最后加上公众号名片，让更多人注意到，加强宣传。下面笔者将对插入公众号的操作步骤进行具体的讲解。

步骤 01 编辑好全部的图文内容后，单击"公众号"按钮，如图 5-31 所示。

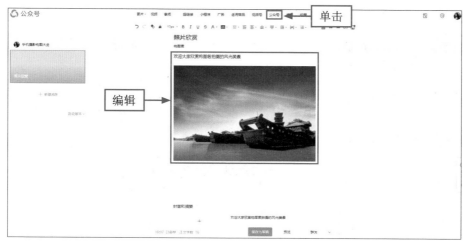

图 5-31　单击"公众号"按钮

步骤 02 弹出"插入公众号"对话框，输入公众号名称，如"手机摄影构图大全"，单击搜索按钮 Q ，如图 5-32 所示。

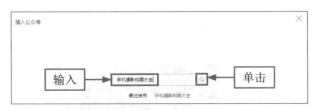

图 5-32　"插入公众号"对话框

步骤 03 执行操作后，选择"手机摄影构图大全"选项，单击"插入"按钮，如图 5-33 所示。

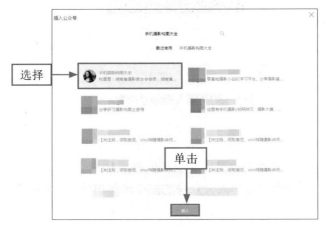

图 5-33　选择要插入的公众号

步骤 04 执行操作后，即可成功插入公众号，如图 5-34 所示。

图 5-34　插入公众号

5.1.7 插入图文模板

如果要考虑文章的更新速度和质量的话，运营者可以通过插入图文模板来节省时间，而且图文模板的格式和版式都设置得非常完善，只需要把具体内容代入进去即可。下面笔者将对插入图文模板的操作步骤进行具体的讲解。

步骤 01 进入图文消息编辑页面，单击"模板"按钮，如图 5-35 所示。

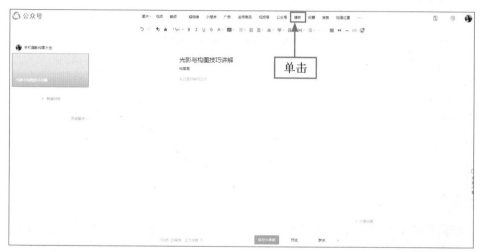

图 5-35 单击"模板"按钮

步骤 02 弹出"插入模板"对话框，选择一个模板，单击"添加到正文"按钮，如图 5-36 所示。

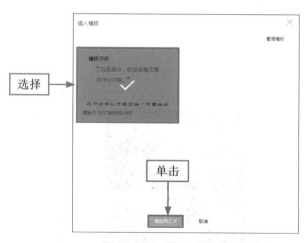

图 5-36 "插入模板"对话框

步骤 03 执行操作后，即可成功插入图文模板，如图 5-37 所示，在此模板上进行修改即可。

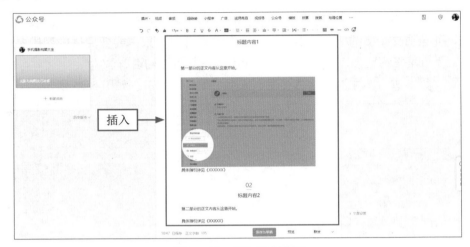

图 5-37　插入图文模板

5.1.8　发起投票

　　随着现在应用软件的功能变得越来越齐全，许多运营者为了发布更受欢迎的内容，通常会通过评论和投票两种方式来询问粉丝，从而知晓粉丝的真实想法。

　　跟评论相比，投票这种方式效率更高，覆盖率也更广，因为投票只需要点击一下选项即可，非常节省时间和精力，想参与的人也会更多。下面笔者将对在图文消息中发起投票的操作方法进行具体的讲解。

　　步骤 01 编辑好全部的图文内容后，单击"投票"按钮，如图 5-38 所示。

图 5-38　单击"投票"按钮

步骤 02 弹出"发起投票"对话框,单击"新建投票"按钮,如图 5-39 所示。

图 5-39 "发起投票"对话框

步骤 03 执行操作后,进入"新建投票"页面,输入投票名称,调整投票的截止时间,如图 5-40 所示。

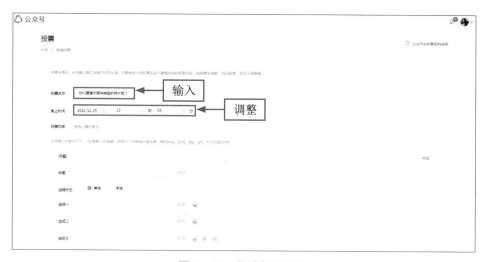

图 5-40 新建投票页面

步骤 04 执行操作后,输入问题的标题,更改选择方式,输入各选项中的内容,单击"保存并发布"按钮,如图 5-41 所示。

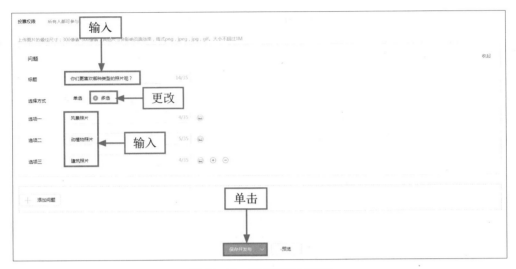

图 5-41　保存并发布投票

5.1.9　插入搜索组件

有的微信公众号一天发布好几篇文章，导致用户很难找到之前看过的文章，不仅需要花费大量的时间，而且还不一定能找得到。所以，每一篇文章发布前，运营者可以为其插入一个搜索组件，帮助用户更快捷地检索到公众号内的关联内容。下面笔者将对插入图文模板的操作步骤进行具体的讲解。

步骤 01　编辑好全部的图文内容后，单击"搜索"按钮，如图 5-42 所示。

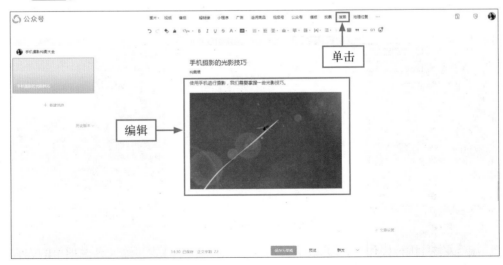

图 5-42　单击"搜索"按钮

步骤 02 弹出"插入搜索组件"对话框，在右侧的"搜索词"选项区中，输入搜索词，单击"确定"按钮，如图 5-43 所示。

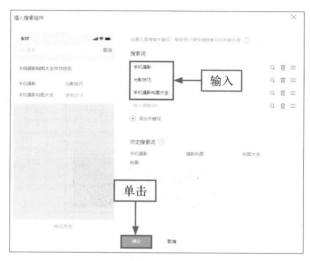

图 5-43　"插入搜索组件"对话框

步骤 03 执行操作后，即可成功插入搜索组件，如图 5-44 所示。

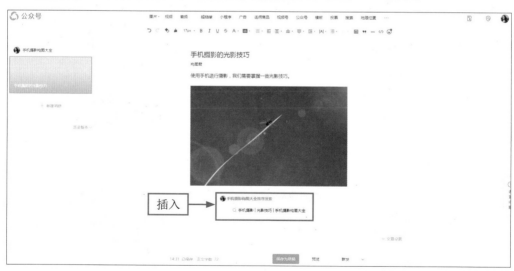

图 5-44　插入搜索组件

5.1.10　添加地理位置

在图文文章中添加地理位置，不仅能够让用户知晓运营者的所处位置或者是图片的拍摄位置，还能让用户对这个地方产生关注。下面笔者将对添加地理位置的操作步骤进行具体的讲解。

步骤 01 编辑好全部的图文内容后，单击"地理位置"按钮，如图 5-45 所示。

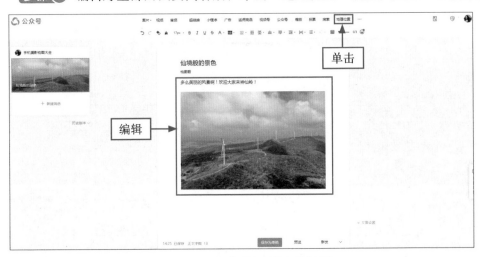

图 5-45　单击"地理位置"按钮

步骤 02 弹出"插入位置"对话框，在搜索框中输入地点，单击搜索按钮 。在左侧的搜索结果中选择一个较为精确的位置，单击"下一步"按钮，如图 5-46 所示。

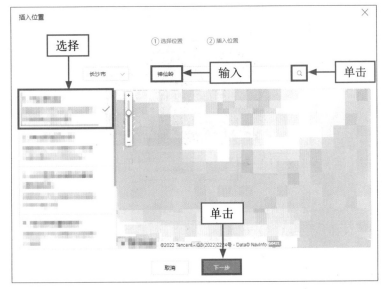

图 5-46　"插入位置"对话框

步骤 03 执行操作后，自行选择位置的展示方式，单击"确认"按钮，如图 5-47 所示。

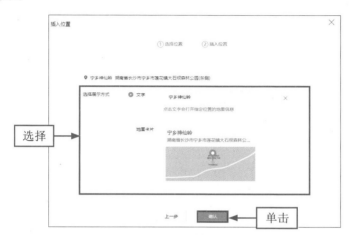

图 5-47 选择展示方式

步骤 04 执行操作后，即可成功添加地理位置，如图 5-48 所示。

图 5-48 添加地理位置

5.1.11 选择已有图文

除了自己发布新的图文消息之外，运营者还可以直接对已有图文进行修改、调整，这样不仅可以节省运营者的时间，还可以有效避免出现的细节错误。下面笔者将对选择已有图文的操作步骤进行具体的讲解。

步骤 01 进入微信公众平台的后台，在"新的创作"选项区中，单击"选择已有图文"按钮，如图5-49所示。

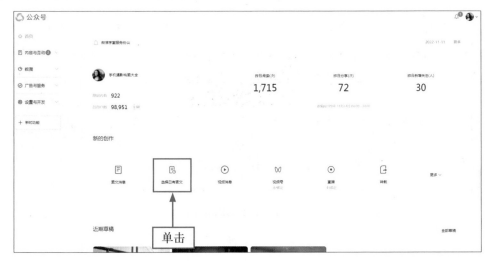

图5-49 单击"选择已有图文"按钮

步骤 02 弹出"选择已有图文"对话框，单击左侧的"草稿"按钮，选择一篇图文，单击"确定"按钮，如图5-50所示。

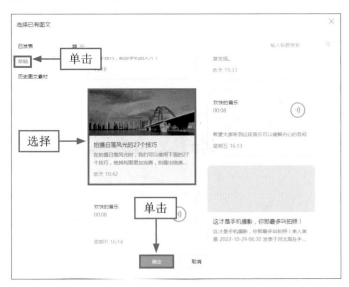

图5-50 "选择已有图文"对话框

步骤 03 执行操作后，即可将图文添加到编辑页面，如图5-51所示，运营者可在此基础上对文章内容进行修改和调整。

图 5-51　添加图文到编辑页面

5.2　其他内容形式：丰富发布的形式

除了发布图文消息之外，运营者还可以发布其他形式的文章，如图片消息和文字消息等。本节笔者将进行详细的步骤解读。

5.2.1　发布图片消息

图片消息是指发布以图片为主的文章，主要作用是观赏图片。下面笔者将对发布图片消息的操作步骤进行具体的讲解。

步骤 01　进入微信公众平台的后台，在"新的创作"选项区中，将鼠标指针移动到"更多"按钮上，在弹出的下拉列表中选择"图片消息"选项，如图 5-52 所示。

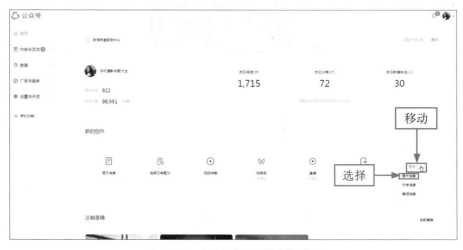

图 5-52　选择"图片消息"选项

步骤 02 弹出"选择图片"对话框,切换到"我的图片"选项,选择要发布的图片,单击"确定"按钮，如图 5-53 所示。

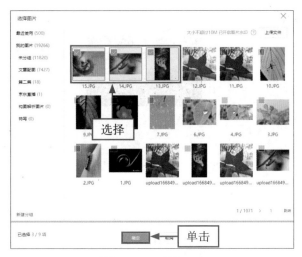

图 5-53　选择图片

步骤 03 执行操作后，图片即可成功添加至编辑页面，输入 140 字以内的推荐语（选填），如图 5-54 所示。

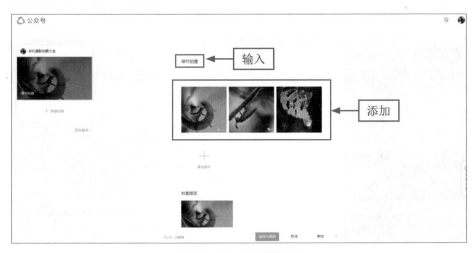

图 5-54　输入推荐语

5.2.2　发布文字消息

文字消息是指发布全都是文字的文章，而且系统不支持添加图片。下面笔者将对发布文字消息的操作步骤进行具体的讲解。

步骤 01 进入微信公众平台的后台，在"新的创作"选项区中，将鼠标指针移动到"更多"下拉按钮上，在弹出的下拉列表中选择"文字消息"选项，如图 5-55 所示。

图 5-55　选择"文字消息"选项

步骤 02 进入文字消息编辑页面，输入文字，如图 5-56 所示。

图 5-56　输入文字

5.3　内容管理：对素材库进行整理

内容管理是指对微信公众号后台的素材库进行整理，整理的对象主要包括图片素材、音频素材和视频素材。本节笔者将进行详细的步骤解读。

5.3.1　图片素材整理

图片是微信公众号后台素材库中最多的素材，因此更需要运营者不定时去整理，让繁杂的图片素材变得更整洁，这样在选择图片的时候就能够节省大量时间。下面笔者将对整理图片素材的操作步骤进行具体的讲解。

1. 图片上传

上传图片素材到素材库，能在编辑文章时节省找图片的时间，具体操作如下。

步骤01 进入微信公众平台的后台，单击左侧的"内容与互动"按钮，单击"素材库"按钮，如图5-57所示。

图5-57　单击"素材库"按钮

步骤02 执行操作后，进入"素材库"页面，系统默认停留在"图片"选项，单击"上传"按钮，如图5-58所示。

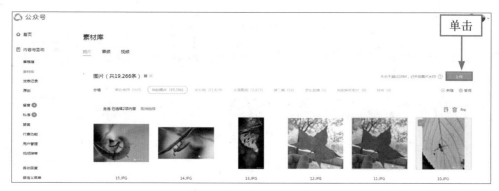

图5-58　"素材库"页面

步骤03 执行操作后，弹出"打开"对话框，选择需要上传的图片，单击"打开"按钮，如图5-59所示。

图 5-59　选择上传的图片

步骤 04　执行操作后，自动返回图片素材库页面，可以看到刚刚选择的图片已经成功上传了，如图 5-60 所示。

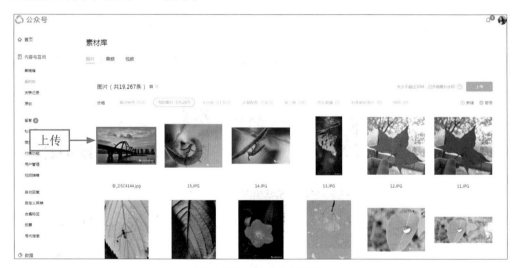

图 5-60　成功上传图片

2. 新建分组

新建分组能更精准地找到需要的图片，它的操作步骤也很简单，具体如下。

步骤 01　在图片素材库中，单击"新建"按钮，如图 5-61 所示。

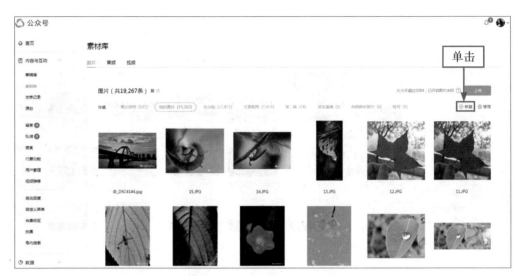

图 5-61　单击"新建"按钮

步骤02　执行操作后，弹出对话框，输入分组名称，单击"确定"按钮，如图 5-62 所示，即可完成新建分组。

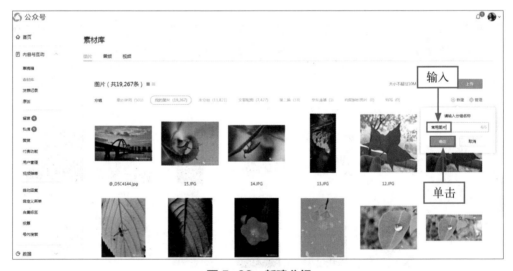

图 5-62　新建分组

3. 管理分组

"管理分组"是指对图片素材进行分组管理，它的操作步骤很简单，具体如下。

步骤01　在图片素材库中，单击"管理"按钮，如图 5-63 所示。

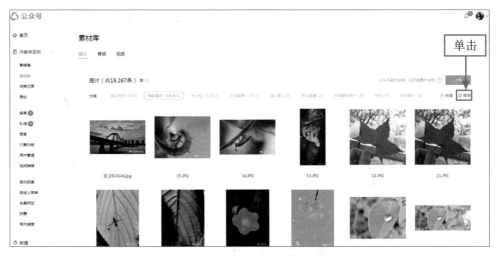

图5-63 单击"管理"按钮

步骤02 弹出"管理分组"对话框,可对相关分组进行重命名、删除和拖拽操作。操作完成后,单击"确认"按钮,如图5-64所示。

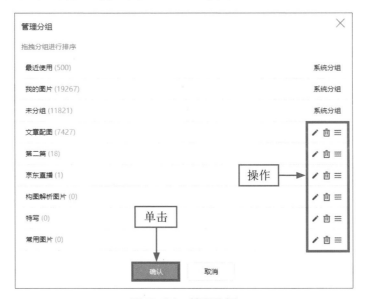

图5-64 管理分组

4. 图片编辑

图片编辑是指对图片素材进行前往发布、删除和移动分组的操作。其操作步骤为:返回"图片"素材库页面,选择好图片,在图片区域的右上角有3个图标,分别表示"前往发布""删除"和"移动分组"，如图 5-65 所示。

图 5-65　图片编辑

5.3.2　音频素材整理

除了整理图片素材之外，音频素材的整理也很重要。整理音频素材，主要是对其进行上传、前往发布、下载、编辑和删除操作，具体操作方法如下。

步骤01 在"音频"素材库页面，单击"上传音频"按钮，如图 5-66 所示。

图 5-66　单击"上传音频"按钮

步骤02 弹出"上传音频"对话框，输入音频标题，选择一个分类，单击"上传文件"按钮，如图 5-67 所示。

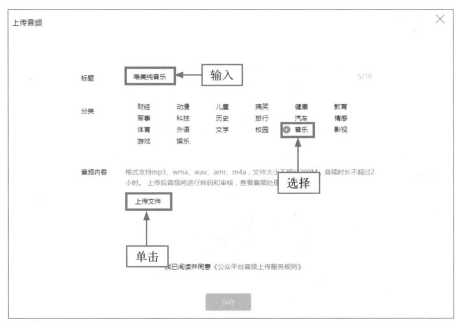

图 5-67　"上传音频"对话框

步骤 03 弹出"打开"对话框，选择一个音频素材，单击"打开"按钮，如图 5-68 所示。

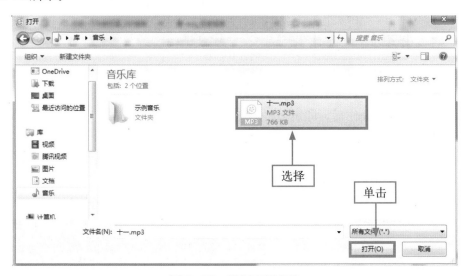

图 5-68　选择音频文件

步骤 04 执行操作后，勾选"我已阅读并同意《公众平台音频上传服务规则》"复选框，单击"保存"按钮，如图 5-69 所示。

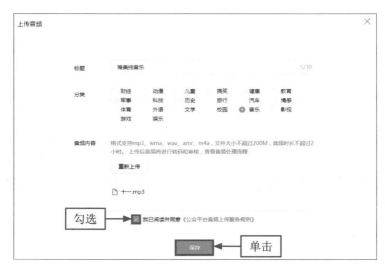

图 5-69　单击"保存"按钮

步骤 ⑤ 执行操作后，通过审核即可成功上传音频素材。单击"列表视图"按钮，如图 5-70 所示。

图 5-70　单击"列表视图"按钮

步骤 ⑥ 执行操作后，即可通过右侧的按钮进行前往发布、下载、编辑和删除操作，如图 5-71 所示。

图 5-71　对音频素材进行相关操作

5.3.3 视频素材整理

在素材库中，视频素材和音频素材的整理大致步骤是一样的，只是缺少"下载"这一操作功能。下面笔者以添加视频素材为例，进行具体的讲解。

步骤 01 在"视频"素材库页面，单击"添加"按钮，如图 5-72 所示。

图 5-72 单击"添加"按钮

步骤 02 执行操作后，进入"添加视频"页面，单击"上传视频"按钮，如图 5-73 所示。

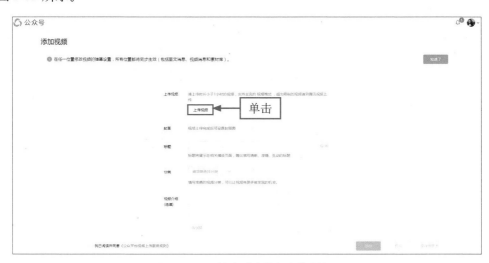

图 5-73 单击"上传视频"按钮

步骤 03 弹出"打开"对话框，选择一个视频素材，单击"打开"按钮，如

图 5-74 所示。

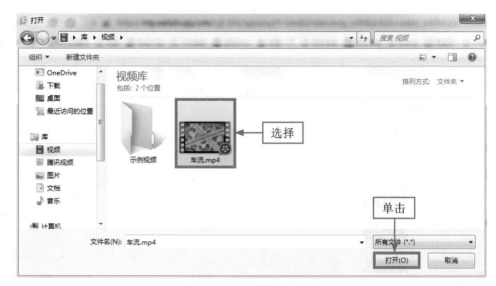

图 5-74　选择视频素材

步骤 04 成功上传视频后，系统会自动从视频中选择推荐封面，运营者也可自行上传封面，如图 5-75 所示。

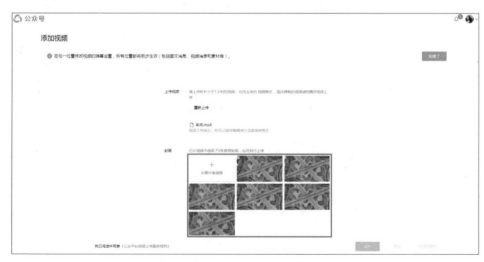

图 5-75　选择封面

步骤 05 选择一张图片作为封面，单击图片，弹出"编辑封面"对话框，裁剪封面，单击"完成"按钮，如图 5-76 所示。

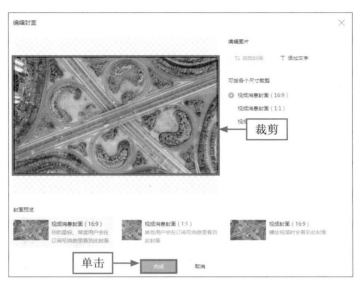

图 5-76　编辑封面

步骤 06　填写合适的标题和视频分类,选填视频介绍,勾选"我已阅读并同意《公众平台视频上传服务规则》"复选框,单击"保存"按钮,如图 5-77 所示。

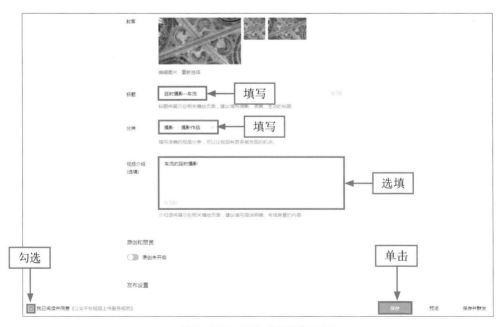

图 5-77　单击"保存"按钮

第6章

视频与直播——开通多样化功能

学前提示

　　随着微信公众号的不断更新，其后台的功能也在不断地增加和完善，如视频号、直播等功能。

　　本章就立足于不断创新的公众号，为用户详细讲解怎样玩转视频、音频与直播功能。

要点展示

➢ 视频消息：让内容更具有吸引力
➢ 音频消息：让观众能感受到亲切
➢ 直播：跟随网络的最热发展潮流

6.1 视频消息：让内容更具有吸引力

视频消息是指运营者将自己想要表达的信息拍摄成视频，然后发送给广大用户群。相比文字和图片，视频更具备视觉冲击性和吸引力，能在第一时间快速地吸引受众的注意，从而达到理想的宣传效果。本节主要介绍视频消息的相关内容。

以微信公众平台"手机摄影构图大全"为例，图 6-1 所示为它推送的视频内容。

图 6-1　微信公众号"手机摄影构图大全"推送的视频

6.1.1 发布视频消息

作为运营者，在发布视频消息之前，我们应该如何来选择视频呢？下面笔者将对两种选择视频的方法进行讲解。

1. 通过"素材库"添加

首先，在电脑上进入微信公众平台的官方网页，登录微信公众平台账号，进入平台的后台。

步骤 01 系统会默认停留在首页，在"新的创作"选项区，单击"视频消息"按钮，如图 6-2 所示。

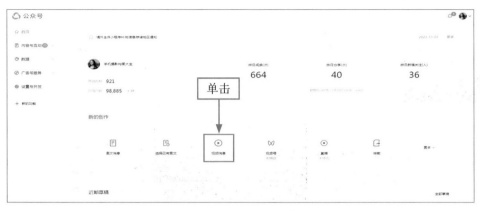

图6-2 单击"视频消息"按钮

步骤 02 执行操作后，弹出"选择视频"对话框，在"选择视频"页面，可以通过"素材库"和"视频链接"两条途径来添加视频。在"素材库"选项下选择一个视频，单击"确定"按钮，如图6-3所示。

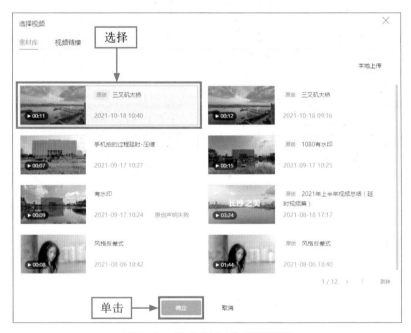

图6-3 从"素材库"选择视频

步骤 03 执行操作后，进入视频编辑页面，输入视频介绍，单击"群发"按钮右侧的下拉按钮∨，然后单击"发布"按钮，如图6-4所示，即可完成视频消息的发布。

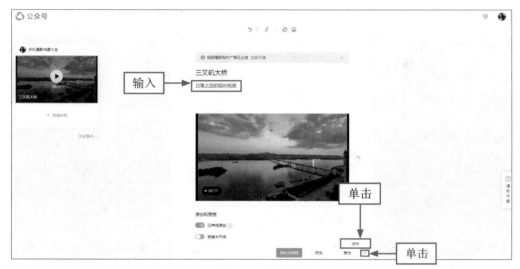

图 6-4　编辑视频

2. 通过"视频链接"添加

除了通过"素材库"添加视频之外，运营者还可以通过"视频链接"来添加视频，因为前面几个步骤与通过"素材库"添加的步骤完全一致，因此笔者会直接从不同的地方开始讲解。

步骤 01 在"选择视频"页面，单击"视频链接"按钮，如图 6-5 所示。需要注意的是，在"视频 / 图文网址"栏右侧的输入框中有视频链接的要求，即支持微信公众号文章链接，视频详情页和腾讯视频链接。

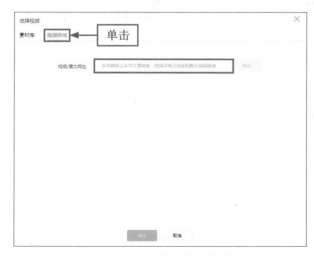

图 6-5　单击"视频链接"按钮

步骤 02 执行操作后，粘贴好相关视频链接，单击其右侧的"确定"按钮，链接中的视频就会显示出来。单击此页面下方中间的"确定"按钮，如图 6-6 所示，即可进入发布视频的页面。

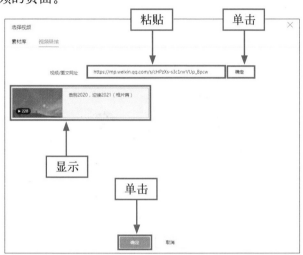

图 6-6　通过"视频链接"添加视频

6.1.2　什么是视频号

视频号的全称是微信视频号，它是一个内容记录与创作平台。视频号与单独发布的视频消息不同，它可以进行点赞、评论和互动。而且，视频号也是开直播的重要条件之一，微信公众号如果想要使用直播功能，就需要绑定视频号。下面笔者就对绑定视频号的相关操作进行具体解读。

步骤 01 进入微信公众平台后台首页，在"新的创作"选项区，单击"视频号"按钮，如图 6-7 所示。

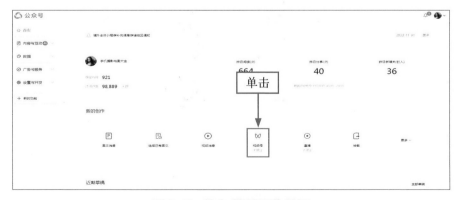

图 6-7　单击"视频号"按钮

步骤 02 执行操作后，弹出"绑定视频号"对话框，可以看到绑定视频号之后的功能和视频号的相关操作，单击"去绑定"按钮，如图 6-8 所示。

图 6-8　"绑定视频号"对话框

步骤 03 执行操作后，会弹出"绑定视频号"对话框的二维码，此时需要管理员使用微信扫码功能验证身份，如图 6-9 所示，验证完成之后即可绑定视频号。

图 6-9　使用管理员微信扫码验证身份

6.2　音频消息：让观众能感受到亲切

音频消息，顾名思义就是以发布音频内容为主的消息，它跟视频消息最大的区别就是视频消息以视频画面内容为主，用背景音乐、文字来辅助，而音频消息则是以音频内容为主，用图片和文字来修饰。

相比发布音乐内容，音频消息更适合用来发布语音内容，因为真实的人声会让观众感到亲切，而且独一无二。跟纯文字的内容相比，音频消息会让人眼前一亮，如有一个中英文交流的微信公众号，它每天都会发布一段英文语音，如图6-10所示。

图6-10　微信公众号发布的英文语音内容示例

6.2.1　选择音频素材

作为运营者，在发布音频消息之前，我们应该如何来选择音频素材呢？下面笔者就对选择音频素材的相关操作进行具体解读。

步骤 01 登录微信公众平台账号，进入微信公众平台后台首页，在"新的创作"选项区，将鼠标指针移动到最右侧"更多"按钮的上面，在弹出的下拉列表中选择"音频消息"选项，如图6-11所示。

图 6-11 选择"音频消息"选项

步骤 02 执行操作后，弹出"选择音频"对话框，在"素材库"选项下有很多的音频素材，选择一个音频素材，单击"确定"按钮，如图 6-12 所示。

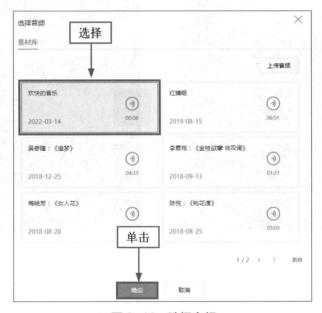

图 6-12 选择音频

6.2.2 发布音频消息

在选择好音频素材之后，我们就可以准备发布音频消息了，下面笔者就对发布音频消息的相关操作进行具体解读。

步骤 ① 执行操作后,在音频消息的编辑页面中,输入一段推荐语,单击"群发"按钮右侧的下拉按钮∨,单击"发布"按钮,如图 6-13 所示。

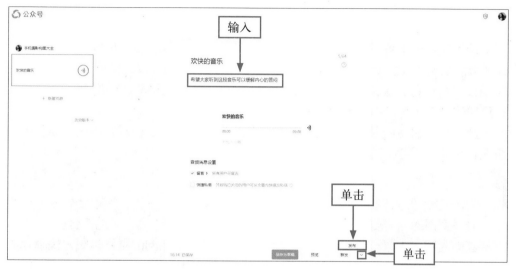

图6-13 单击"发布"按钮

步骤 ② 执行操作后,弹出"发布确认"对话框,单击"发布"按钮,如图 6-14 所示,即可完成音频消息的发布。

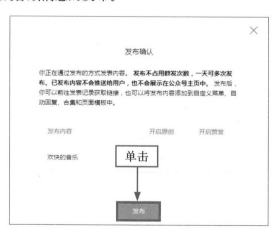

图6-14 "发布确认"对话框

6.3 直播:跟随网络的最热发展潮流

随着互联网的兴起,直播行业越来越受欢迎,许多企业、品牌都开通了线上直播渠道。而随着视频号的创建，微信公众号也开通了直播功能。本节笔者将讲解微信直播的相关内容。

6.3.1 前期准备

使用微信公众号进行直播，先需要遵守国家法律法规。腾讯根据现行法律法规及《微信视频号运营规范》《微信视频号直播功能使用协议》等相关规定，制定了《微信视频号直播行为规范》，因篇幅限制，所以不在此详细讲解，使用微信公众号进行直播的用户，可以自行上网查看。

直播是实时将画面、声音传递给用户的，因此很容易出现紧急情况，要想使得直播更完美，运营者就需要提前做好一些准备。

1. 内容主题

使用公众号进行直播，直播的内容一定不能偏离账号主旨，如教授外语知识的公众号，直播的内容要与外语相关，不能是卖护肤产品等没有关系的内容。

直播内容与主题一致，能够加强用户对公众号运营方向的整体认知，提高专业性，让用户更加信任。相反，如果公众号的内容跟直播间完全不符，则会让用户以为公众号接了广告，丢失了原本的初心。

2. 直播时间

什么时候进行直播也是一个非常重要的点，运营者应尽量在用户活跃的时间段进行直播，这样不仅能够扩大宣传度，吸引更多新用户的关注，而且还可以精准引流，留住老用户。笔者建议大家直播时间最好控制在以下 3 个时间段。

（1）周五的 18 时 ~ 24 时。

（2）周末两天（星期六和星期天）。

（3）其他工作日的 18 时 ~ 20 时。

3. 宣传预热

使用公众号进行直播，一定要将直播时间提前告诉用户，让用户知晓，使其有一个准备的时间。除了可以在前一次的直播间中传达下一次直播的时间之外，运营者还需要在公众号的首页设置直播预告，如图 6-15 所示。而且，运营者还可以在直播预告中将这一周的直播时间都展示出来，让用户可以一次性知晓，从而挑选到合适的时间观看直播，如图 6-16 所示。

图 6-15　在公众号首页设置直播预告示例

图 6-16　更多直播预告示例

6.3.2　直播入口

了解完直播的注意事项之后，运营者应该如何使用公众号进行直播呢？下面笔者就对公众号进行直播的相关操作进行具体解读。

步骤 01　登录微信公众平台账号，进入微信公众平台后台首页，在"新的创作"选项区，单击"直播"按钮，如图 6-17 所示。

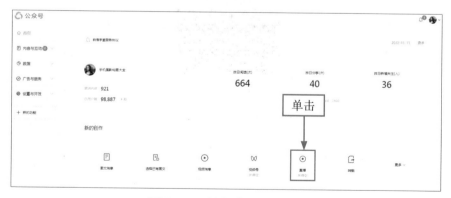

图 6-17　单击"直播"按钮

步骤 02　执行操作后，弹出"绑定视频号"对话框，单击"去绑定"按钮，如图 6-18 所示。

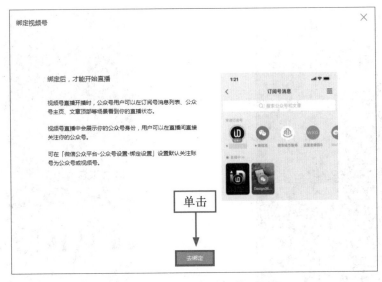

图 6-18　"绑定视频号"对话框

步骤 03　执行操作后，弹出"绑定视频号"二维码，使用管理员微信进行扫码验证身份，如图 6-19 所示，验证完成之后即可绑定视频号，然后便可进行直播。

图 6-19　使用管理员微信扫码验证身份

第 7 章

吸粉引流——打造百万级的账号

学前
提示

　　粉丝的多少在一定程度上决定了一个公众平台获利的多少，因此运营者一定要吸引足够多的粉丝才能让公众平台火起来。

　　本章主要介绍最常用的平台吸引粉丝，增加流量技巧，以及吸引粉丝，增加流量的方法和过程，让公众号运营者可以轻松获得上百万精准粉丝。

要点
展示

➢ 引流策略：实现粉丝从零到百万
➢ 引流平台：扩大吸粉的活动范围

7.1 引流策略：实现粉丝从零到百万

吸粉引流是公众号运营者一项重要的工作，也是微信公众号运营工作中的重要一环，本节笔者将介绍 7 种常见的吸粉引流方法。

7.1.1 大号互推

通过爆款大号互推的方法，指的是两个或者两个以上的公众号运营者，双方或者多方之间达成协议，进行粉丝互推，从而达到共赢的目的。微信公众号之间互推是一种快速涨粉的方法，它能够帮助运营者的微信公众号短时间内获得大量的粉丝，效果十分可观。

相信大家曾在很多的微信公众号中，见到过某一个公众号会专门写一篇文章给一个或者几个微信公众号进行推广的情况，这种推广就是公众号互推。这两个或者多个公众号的运营者会约定好有偿或者无偿给对方进行公众号推广。

运营者在采用公众号互推吸粉引流的时候，需要注意的一点是，找的互推公众号平台类型尽量不要跟自己的平台是一个类型的，因为这样运营者之间会存在一定的竞争关系。

两个互推的公众号之间尽量要有互补性。举个例子，你的公众号是推送护肤用品的，那么你选择互推公众号时，就应该先考虑找那些推送护肤教程的公众号，这样获得的粉丝才是有价值的。

7.1.2 爆文引流

"内容为王"这一理念是适用于整个公众号运营过程的，在引流方面更是有着莫大作用，有时候一篇吸引人的爆文能瞬间吸引大量粉丝来关注公众号。那么什么样的文章才能称之为爆文呢？爆文又应该如何打造呢？下面分别从宏观和微观两个方面来进行讲解。

1. 宏观方面

从宏观角度来看，爆文内容应该具备以下 3 个特点。

1）内容要有特色

在微信公众平台的内容方面，要把握好以下两个要点，才能提升平台内容特色。

（1）个性化内容：个性化的内容不仅可以增强用户的黏性，使之持久关注，还能让自身公众号脱颖而出。

（2）价值型内容：运营者一定要注意内容的价值性和实用性，这里的实用是指符合用户需求，对用户有利、有用、有价值的内容。

2）增强内容的互动性

通过微信公众平台，运营者可以多推送一些能调动用户参与积极性的内容，将互动的信息与内容结合起来进行推广，单纯的互动信息推送没有那么多的趣味性，如果和内容相结合，那么就能够吸引更多的用户参与其中。

3）激发好奇心的内容

运营者想要让目标用户群体关注公众号，那么从激发他们的好奇心出发，如设置悬念、提出疑问等，往往会有事半功倍的效果，远比其他策略要好得多。

2. 微观方面

上面从大的内容方向上对爆文要具备的特点进行了阐述，下面将从具体的一篇文章因素出发，谈谈怎样打造爆文。图 7-1 所示为从微观因素方面打造爆文的方法。

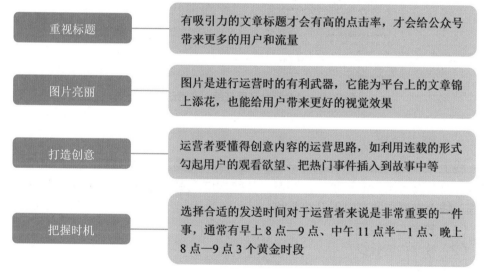

图 7-1 从内容的微观因素方面打造爆文的方法

7.1.3 活动吸粉

活动运营不单单只是一个运营岗位，同时也是不断推出新产品的总指挥，无论线上线下，活动运营都是推广产品和引流的必备之选。

运营者可以通过在公众平台上，或者其他平台上开展各种大赛活动，进行吸粉引流。通常在奖品或者其他条件的诱惑下，这种活动参加的人会比较多，而且通过这种大赛获得的粉丝质量都会比较高，因为他们会更加主动地去关注公众号的动态。

以微信公众平台"手机摄影构图大全"为例，该平台根据其自身的优势，在自己的平台上开展了一个"图书征图征稿"活动。图 7-2 所示为该公众平台对这次举办的活动的相关介绍。该活动在吸引受众投稿的同时，迅速让许多有投稿意愿的人成了平台的粉丝。

 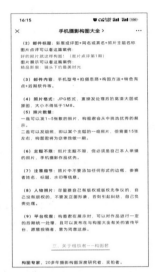

图7-2　公众平台开展征稿大赛活动的案例

7.1.4　线上微课

线上微课是指按照新课程标准及其教学实践的要求，以多媒体资源（电脑、手机等）为主要载体，记录教师在课堂内外教学过程中围绕某个知识点而开展的网络课程。线上微课主要有以下8个特点。

（1）教学实践较短。

（2）教学内容较少。

（3）资源容量小。

（4）资源组成情景化。

（5）主题突出，内容具体。

（6）草根研究，趣味创作。

（7）成果简化，多样传播。

（8）反馈及时，针对性强。

公众号中有一些专业的直播平台，比如"千聊"，运营者可以与这些平台合作，开设线上直播教学微课，从直播平台的观众当中引流。

7.1.5　热词引流

这里的热词指的是用户在搜索公众号时输入的热门词汇。许多人在搜索公众号时都会习惯性地输入一些关键词,而运营者需要做的就是,通过用户定位掌握目标用户的核心需求,并用关键词将用户的需求进行呈现。

以"手机摄影构图大全"为例,该公众号之所以能获得较大的粉丝量,除了其自身的内容过硬之外,热点关键词的运用也起到了不小的作用。因为其针对核心用户在摄影方面的核心需求,在名称上提炼了"摄影"和"摄影构图"等关键词,所以用户只要搜索这些词汇,便可以看到该公众号,如图 7-3 所示。

图 7-3 公众号搜索"摄影"和"摄影构图"的结果

7.1.6 朋友圈分享

朋友圈分享指的是运营者在自己的个人微信号、企业微信号的朋友圈里发布软广或者硬广,让自己朋友圈的好友关注你的微信公众号。

运营者在进行好友互推的时候,可以把自己在微信公众平台上发布的文章,重新发布到自己的朋友圈里,朋友圈中的好友看见了,如果感兴趣就会点开文章阅读。运营者可以坚持每天发送,只要文章质量高,自然而然就能够吸引更多的人关注公众号。

这种方法在分享自己动态的同时又宣传了公众平台,是一个很不错的推广方法,而且也不容易引起朋友圈中好友的反感。

以微信公众号"手机摄影构图大全"为例,它的运营者就会在自己的朋友圈推送自己公众平台上的文章,以此进行公众号推广。图 7-4 所示为"手机摄影构图大全"平台运营者在自己朋友圈推广自己公众号平台的相关信息。

图7-4　朋友圈推广公众号

7.1.7　红包福利

微信的红包功能在近年来是相当火爆，这便给微信公众号运营者提供了一招绝妙的引流方法，具体如下。

使用微信的"发起群聊"功能邀请好友发起群聊（群聊名称可以自行编辑），如图7-5所示。

图7-5　发起群聊界面

然后发一个红包，让朋友邀请他的朋友，以达到推广公众号的目的，具体如图7-6所示。

图 7-6　发红包推广公众号

7.2　引流平台：扩大吸粉的活动范围

现在网络上可以用来获得流量的平台有很多，各平台的受关注度也会不一样，因此微信运营者找出最适合自己的平台也是很重要的。

本节笔者将介绍网络上的八大流量平台，让用户对这些平台能够有一个最基本的了解，后面会详细讲解流量平台引流的实战技巧。

7.2.1　抖音引流

对于许多运营者来说，虽然当下可用于营销的平台有很多，但有一个平台一定是不容错过的，那就是抖音短视频平台。只要处理得当，抖音也能成为一个宣传公众号的重要阵地。具体来说，运营者可以通过以下两种方式在抖音上进行公众号宣传。

1. 个人资料设置

抖音个人资料实际上相当于一张名片，如果运营者能够适当地对公众号进行宣传，那么当用户对运营者分享的内容感兴趣时就会主动关注公众号。具体来说，运营者可以通过以下步骤在个人资料中设置公众号信息。

步骤 01 登录抖音 App，进入"我"界面，点击"编辑资料"按钮，如图 7-7 所示。

步骤 02 操作完成后，即可进入编辑资料界面，设置好名字和简介等信息，如图 7-8 所示。设置成功之后，个人资料就变成公众号的宣传界面。

在编辑个人资料的过程中，运营者需要避免出现"微信"和"公众号"等字眼，也不能在头像中放置二维码，否则设置的资料很可能无法通过。

图 7-7 点击"编辑资料"按钮

图 7-8 设置名字和简介

2. 发布作品宣传

个人资料虽然能对公众号进行宣传，但是其所取得的效果在很大程度上还来自运营者在抖音上发布的作品。因此，在抖音上给用户分享干货内容，让更多人查看你的资料就显得尤为重要了。另外，在发布的作品中也可以适当对公众号进行宣传。对此，运营者可以通过以下操作，在抖音中发布作品，宣传公众号。

步骤 01 登录抖音 App，点击默认界面下方的 ⊞ 图标，如图 7-9 所示。

步骤 02 进入拍摄界面，点击"相册"按钮，如图 7-10 所示。

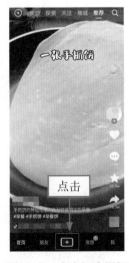

图 7-9 点击相应图标

图 7-10 点击"相册"按钮

步骤 Ⓞ3 进入"所有照片"界面，选择需要上传的图片，点击"确认"按钮，如图 7-11 所示。

步骤 Ⓞ4 进入效果预览界面，查看效果，如图 7-12 所示。

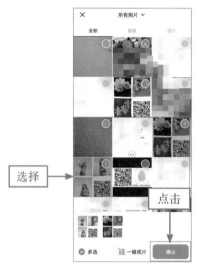

图 7-11 选择需要上传的图片

图 7-12 查看效果

步骤 Ⓞ5 进入发布界面，输入文字内容，点击"发布图文"按钮，如图 7-13 所示。

步骤 Ⓞ6 执行操作后，返回"我"界面，如图 7-14 所示，即可查看已发布的作品。

图 7-13 输入文字并发布

图 7-14 查看已发布的作品

专家提醒

　　与个人资料不同，以图片形式发布作品时，图片中可以包含"微信"和"公众号"等字眼，也可以放置二维码。运营者可以利用这一点，在图片中插入相关信息，从而更好地对公众号进行宣传。

7.2.2　快手引流

　　快手跟抖音类似，是一个比较成熟的短视频平台，拥有巨大的流量池，也是宣传微信公众号不可或缺的平台之一。接下来，笔者将介绍在快手上面进行公众号宣传的方法。

1. 个人资料设置

　　在快手的账号上发布一些高质量的内容，让感兴趣的用户能够有点进主页的欲望。这时候，如果个人资料界面中有关于微信公众号的介绍，用户可能会立马去关注。下面笔者将为大家介绍在快手中修改个人资料的详细步骤。

　　步骤01　登录快手App，进入"我"界面，点击"完善资料"按钮，如图7-15所示。

　　步骤02　执行操作后，即可进入编辑资料界面，设置好昵称和个人介绍等信息，如图7-16所示。设置成功之后，个人资料就变成了公众号的宣传界面。

图7-15　点击"完善资料"按钮

图7-16　设置昵称和个人介绍

2. 发布作品宣传

运营者可以在快手上面发布一些高质量的作品，在拥有了一定基础的用户之后，适时在作品中宣传一下微信公众号，这样的宣传效果也不会让人反感。下面，笔者将为大家介绍通过在快手中发布作品来宣传公众号的操作步骤。

步骤01 登录快手 App，点击默认界面下方的⊕图标，如图 7-17 所示。

步骤02 进入拍摄界面，点击"相册"按钮，如图 7-18 所示。

图 7-17 点击相应图标　　　　**图 7-18 点击"相册"按钮**

步骤03 执行操作后，选择需要上传的图片，点击"下一步"按钮，如图 7-19 所示。

步骤04 进入效果预览页面，查看效果，点击"下一步"按钮，如图 7-20 所示。

步骤05 执行操作后，进入发布界面，输入文字内容，点击"发布"按钮，如图 7-21 所示。

步骤06 发布完成后，返回"我"界面，如图 7-22 所示，即可查看已发布的内容。

图 7-19　选择需要上传的图片

图 7-20　查看效果

图 7-21　输入文字并发布

图 7-22　查看已发布的内容

7.2.3　视频号引流

视频号是微信近几年新开发出来的功能,它位于微信最下方的"发现"栏中,在"朋友圈"选项的正下方,进入其页面,即可查看视频号的内容,如图7-23所示。由于微信拥有庞大的流量池,所以把握住喜欢视频号的用户也非常重要。具体来说,运营者可以通过以下两种方式在视频号上进行公众号宣传。

图7-23　视频号界面

1. 绑定视频号

微信公众号和视频号是可以相互独立的,但是大多数公众号都会绑定视频号。因为,如果用户只关注了微信公众号,而这个公众号并没有绑定视频号,那么用户进入视频号界面中,在"关注"界面是看不到这个公众号发布的视频号内容的,而且绑定视频号后,还可以减少分流。

2. 多点赞

进入视频号界面后,系统默认停留在"朋友"界面。在这里,用户可以看到被朋友所点赞的视频内容。微信运营者可以多点赞视频号的内容,让自己的微信朋友们看到。微信朋友们如果喜欢的话,可能也会进行点赞的操作,那么他们的朋友也会看到这条视频内容,如此"传递"下去,能够吸引非常多的流量。

7.2.4 哔哩哔哩引流

哔哩哔哩简称"B 站"，是目前中国年轻人高度聚集的文化社区和视频网站。2022 年 9 月 8 日，B 站公布了第二季度未经审计的财务报告。财报显示，B 站月均活跃量突破 3 亿，日均活跃量达 8350 万。从中可以看出，B 站拥有着极大的流量池，运营者可以通过 B 站来宣传微信公众号。

具体来说，运营者可以通过以下两种方式在 B 站上进行公众号宣传。

1. 个人资料设置

运营者可以在自己 B 站号的简介上设置微信公众号进行宣传，用户在观看了感兴趣的视频之后，点击进入其主页，即可看到此条宣传公众号的信息。

2. 设置置顶评论

置顶的评论极为显眼，用户一眼就能注意到，特别是在观看量和评论量都比较高的视频中，置顶评论格外突出。运营者可以在自己发布的短视频评论中，发布置顶评论，借此宣传微信公众号，能够达到不错的宣传效果。

7.2.5 小红书引流

小红书是一个生活方式平台和消费决策入口，顾名思义，它是用户分享生活、记录生活和推荐相关体验的一个应用软件。进入小红书，你会看到很多以视频或者图文为主要发布形式的笔记，而它们的内容都以分享经验和产品为主，许多有相关需求的用户进入小红书，搜索关键词就可以看到许多相关的内容。

2022 年小红书商业生态大会公布的数据显示，小红书的月活跃量达到了 2 亿，这个量级算是非常大的，况且小红书尚处于发展阶段。下面，笔者将介绍两种具体的操作方法，帮助运营者在小红书上宣传微信公众号。

1. 发布笔记

微信公众号运营者可以在发布相关笔记的时候，在图文中宣传微信公众号，除了传统的文字宣传之外，在图片上以二维码的形式宣传更为方便。但是，宣传次数要恰当，不能引起用户的反感。而且，发布相关笔记时，最好加上与笔记相关的热门话题标签，感兴趣的用户搜索相关笔记时会通过关键词进行搜索。带上了热门话题的笔记能更容易、更精准被搜索到，那么此条笔记被观看的次数也会提升。

2. 置顶评论

如果不想破坏笔记的内容，也可以选择在评论中宣传公众号，只需将其置顶即可，对这篇笔记感兴趣的用户就都会看到这条评论，从而能够达到更有效的宣传效果。

解锁小红书置顶评论，具体条件是：至少有一篇笔记的评论数 ≥ 50 条，或者成为视频号。而且，小红书只能置顶自己笔记里面的评论，不能置顶回复评论。

7.2.6　今日头条引流

"你关心的，才是头条"是今日头条平台的广告语，今日头条平台是字节跳动公司于 2012 年推出的一款个性化推荐引擎软件，其能够为平台的用户群体提供最有价值的各种信息。

今日头条平台很适合自媒体类的公众号推广。平台庞大的用户量，为微信运营者吸粉、引流提供了强有力的支撑。今日头条平台具有以下 5 个特点。

1.　个性化推荐

今日头条最大的特点是能够通过基于数据分析的推荐引擎技术，将用户的兴趣、特点和位置等多维度的数据挖掘出来，然后针对这些维度进行多元化、个性化的内容推荐，推荐的内容多种多样，包括新闻、音乐、电影等。

举例来说，当用户通过微博、QQ 等社交账号登录今日头条时，今日头条就会通过一定的算法，在短短的时间内解读出他的兴趣爱好、位置、特点等信息。用户每次在平台上进行操作，例如阅读、搜索等，今日头条都会定时更新用户相关信息和特点，从而实现更精准的阅读内容推荐。

2.　多种登录方式

用户登录今日头条的方式是多样的，除了手机号、邮箱等方式之外，它还支持其他登录方式，如 QQ、微博等。

3.　分享便捷、互动性强

在今日头条推送的大部分内容下，用户都可以对其进行评论，各用户之间也可以进行互动。

今日头条平台为用户提供了方便快捷的信息分享功能，用户在看见自己感兴趣的信息之后，只要单击页面上的转发按钮，即可将该信息分享、传播到其他平台上，例如新浪微博、微信等。

4.　客户端信息资源共享

今日头条平台为了方便用户的使用，推出了 PC 客户端和手机客户端，用户只要登录自己的今日头条账户，那么在该平台上评论或者收藏的信息就可以自动存储起来。只要用户自己不删除，不论是在手机端还是电脑端，登录平台账号之后用户就可以查看到这些信息，完全不用担心这些信息的丢失。

5. 内容涵盖面广

在今日头条平台上，其内容涵盖面非常广，用户能够看见各种类型的内容，以及其他平台上推送的信息。图 7-24 所示为今日头条的官网首页。而且，今日头条平台上新闻内容更新的速度非常及时，用户几分钟就可以刷新一次页面，浏览新信息。

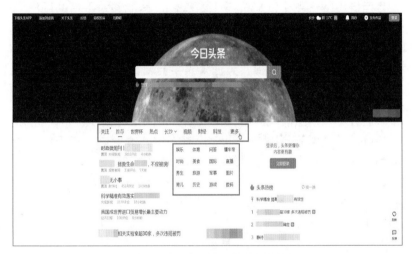

图 7-24　今日头条的官网首页

7.2.7　微博引流

在新媒体火热发展的当下，微博不仅是一种流行的社交工具，对企业或商家来说，它也是一个重要的引流和营销平台。运营者可以在微博上借助话题找寻用户的同时把他们吸引到微信公众平台上来。那么，运营者是如何在微博上精确找到用户并成功引流的呢？下面介绍几种寻找微博精确用户和引流的方法。

1. 积极参与话题

运营者参与某个话题进行讨论，可以通过微博搜索直接找到参与某个话题讨论的人群，如果发现某些用户经常参与"# 手机摄影 #""# 摄影构图 #""# 美图摄影 #"这样的话题进行讨论，而自身的公众号恰好又是经营摄影的，那么运营者就可以通过这样的方法去寻找用户，积极参与此类话题，而且还会得到很多评论、点赞和转发。

2. 加入微博超话

微博超话是一个人们因为某个共同爱好或者有共同话题而聚到一起的交流场所，在超话中可以进行聊天等互动。运营者可以在超话中发布质量高的帖子，吸引超话中其他喜爱此相关内容的用户关注自己，此时再进行宣传即可达到很好的效果。

3. 设置个人简介

运营者可以在个人简介中设置微信公众号的信息，如果自己忙于其他事，没有及时看到用户发的消息，用户就可以自行通过主页的简介找到微信公众号。

图 7-25 所示为"手机摄影构图大全"新浪微博的基本信息页面，可以看到，其将微信公众号列出，这便让该公众号很好地在微博中起到了引流作用。

图 7-25 "手机摄影构图大全"新浪微博的基本信息页面

7.2.8 知乎引流

知乎平台是一个社会化问答类型的平台，目前月活跃量上亿。知乎平台的口号是，"与世界分享你的知识、经验和见解"。知乎拥有 PC、手机两种客户端。

在知乎这样的问答平台上，运营者可以以提问题和回答问题的方式，利用平台进行推广和引流。而且，问答推广都有特定的推广技巧和方法，可分为发布文章型、自问自答型和回答问题型。

1. 发布文章型

虽然知乎是一个问答型平台，但并不是发布的内容一定就要回答他人的提问。公众号运营者也可以通过在知乎上发布文章，详细解读某一方面的内容，为特定用户答疑解惑。

图 7-26 所示为公众号"手机摄影构图大全"在知乎上发布的一篇文章，其通过对摄影知识的解读，也成功地在知乎上吸引了不少粉丝。

图 7-26　公众号"手机摄影构图大全"在知乎上发布的文章

2. 自问自答型

在问答推广和引流中，自问自答型的效率最高，以自己提出的问题，自己作出答复的方式来进行。运营者可以根据公众号所在行业、产品信息和用户的搜索习惯，选取有一定搜索量的目标关键词，然后去回答平台的提问。

3. 回答问题型

回答问题型比自问自答型难度大，因为需要去选择适合推广公众号产品的问题进行回答，但回答的答案不能有太过于突出推广产品的意思。下面介绍几种回答问题型的推广方法。

（1）答案要有质量。回答问题时，一定要有质量，不能胡乱回答。如果提供的答案是靠谱或具有影响力的，极大可能会被设置为最佳答案，这样可以提升账号的信誉度和账号等级。

（2）控制好回答的量。同一个账号，每天回答的问题最好不要超过 10 个，因为回答得太多容易被封号。

（3）慎留链接。账号级别低时，回答的内容里一定不要放置链接，以防账号被封或链接被屏蔽。账号级别高时，可将链接放置在"参考资料"一栏，且不能多放。

第8章

粉丝运营——积极进行互动交流

学前提示

　　运营微信公众号，除了发布消息之外，收到消息也很重要，它代表了公众号及其内容的受欢迎程度。积极和粉丝进行交流，也能在一定程度上帮助运营者不断完善公众号。

　　本章从运营的角度出发，旨在帮助运营者掌握微信公众号的互动管理。

要点展示

➢ 消息管理：增加与粉丝的互动机会

➢ 互动功能：提高用户的积极参与性

8.1 消息管理：增加与粉丝的互动机会

在微信公众号平台后台，"内容与互动"栏就紧挨着"首页"栏的下方。其实，它不仅在位置上有着优势，在后台管理中也占据了非常重要的地位。无论是线上、线下，还是前台、后台，都与之紧密关联。在这里，运营者可以查看用户的消息，也可以对消息进行全面的设置。因此，熟练运用和掌握公众号的消息管理，绝对是与粉丝进行互动交流的重点步骤。

8.1.1 留言管理

对于微信公众号而言，如果用户想要与平台沟通，就可以在平台留言，而运营者则可以通过微信公众平台后台对这些留言进行管理。下面笔者就留言管理的具体操作方法进行介绍。

1. 已发布内容

"已发布内容"是指微信公众号中所有已经发布的内容，运营者可以在这里进行留言的相关设置，具体操作步骤如下。

步骤 01 登录进入微信公众号平台后台首页，单击左侧"内容与互动"栏中的"留言"按钮，进入相应界面，移动鼠标指针至一条留言的右侧，可以看到在留言的右侧出现了 4 个图标，单击精选图标 ☆，如图 8-1 所示，即可进行精选操作。

图 8-1 单击精选图标

精选图标 ☆ 右侧的 3 个图标分别表示"置顶""回复"和"更多操作"，其中"更多操作"包括"标为垃圾留言并隐藏""删除留言"和"加入黑名单"3 个功能，如图 8-2 所示。

图 8-2　不同图标的含义

步骤 02 执行操作后，即可将该留言精选。成功设置用户留言精选之后，在留言的右侧就有一个 ☆ 图标，如图 8-3 所示，表示留言已精选。当然，如果不小心点错了或者是要把已加入精选的留言撤销，单击 ☆ 图标即可。

图 8-3　显示精选图标

步骤 03 另外，运营者想要查看留言，有时会觉得太多、太繁杂，可以通过该页面留言上方的 3 个选项来进行筛选，还可通过右上角的搜索框对留言或者用户昵称进行搜索，如图 8-4 所示。

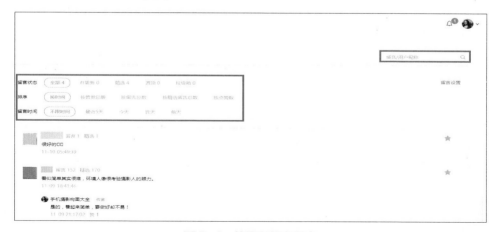

图 8-4　筛选和搜索留言

步骤 04 除此之外，运营者还可以对所有的留言进行留言设置，单击右侧的"留言设置"按钮，弹出对话框，在此可以设置"留言功能"和"谁可以留言"，如图8-5所示。

图 8-5 进行留言设置

2. 留言设置

为了保护评论区的文明、和谐，除了最基本的留言设置之外，运营者还可以对留言进行筛选，即对骚扰的留言进行屏蔽设置。

在"留言"页面中，单击"留言设置"按钮，开启"屏蔽骚扰留言"选项，如图 8-6 所示。

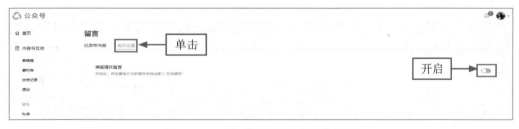

图 8-6 开启"屏蔽骚扰留言"选项

8.1.2 私信管理

在微信公众平台上，除了留言之外，用户与运营者进行最直接沟通的方式就是发私信，像一些投稿活动也是通过私信进行的。下面笔者就私信管理的具体操作方法进行介绍。

1. 近期私信

"近期私信"主要是指最近 30 天的私信，含图片、视频、语音等多媒体消息，对其的相关操作步骤主要如下。

步骤 ① 登录进入微信公众号平台后台首页,单击"内容与互动"栏中的"私信"按钮。单击"近期私信"选项下的"私信设置"按钮,如图 8-7 所示。

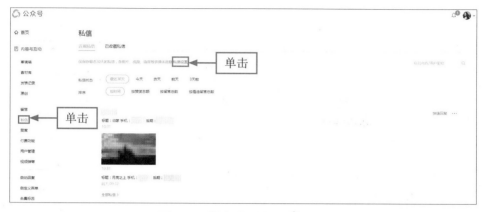

图 8-7　单击"私信设置"按钮

步骤 ② 弹出对话框,在此可设置"隐藏关键词私信"和"屏蔽骚扰私信"功能,如图 8-8 所示。

图 8-8　设置相关功能

步骤 ③ 运营者可以通过该页面私信上方的两个选项来进行筛选,还可以通过右上角的搜索框对私信内容或者用户昵称进行搜索,如图 8-9 所示。

图 8-9　筛选和搜索私信

步骤 04 单击私信最右侧的"快捷回复"按钮，如图 8-10 所示，即可对私信内容进行快捷回复。

图 8-10　单击"快捷回复"按钮

步骤 05 显示消息回复框，输入需要回复的内容，单击"发送"按钮，如图 8-11 所示，即可完成私信回复。

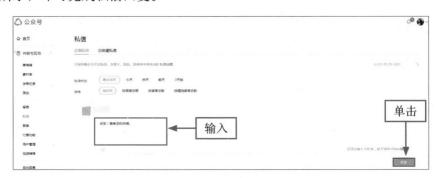

图 8-11　输入回复内容并发送

步骤 06 单击"快捷回复"按钮右侧的更多操作图标 ...，如图 8-12 所示，弹出下拉列表,在此可选择"进入聊天""加入黑名单"和"删除聊天"选项进行操作。

图 8-12　选择相应选项

步骤 07　如果想快速找到用户发的私信，运营者可以提前将私信内容进行收藏。如果私信内容是纯文字的话，单击更多操作图标 ••• 正下方的收藏图标 □ 即可，如图 8-13 所示。

图 8-13　单击收藏图标

步骤 08　私信被收藏之后，图标就会变成绿色。如果私信内容是图片或者视频的话，将鼠标指针移动到最右边，会看到 3 个图标，它们分别表示"收藏""下载""转存到素材库"，如图 8-14 所示。

图 8-14　图标的含义

2. 已收藏私信

"已收藏私信"里面是所有被收藏的私信内容，在这里运营者可以对这些被收藏的私信进行处理，具体操作如下。

单击"已收藏私信"按钮，将鼠标指针移动到最右侧，可以看到显示的所有图标，如图 8-15 所示，它们各自表示的意思跟上一部分一样，这里就不再赘述了。

图 8-15 "已收藏私信"页面

8.1.3 用户管理

为了筛选出优质的关注用户，运营者可以进行用户管理，对言语粗鲁不当的用户给予相关处理，给公众号营造一个平静、祥和的网络环境。下面笔者就用户管理的具体操作方法进行介绍。

1. 已关注用户的管理

已关注用户是指关注了公众号的用户，在"已关注"页面里运营者可以进行"打标签""加入黑名单"和"新建标签"等操作，在此以"打标签"为例介绍已关注用户的管理，具体操作如下。

步骤01 登录进入微信公众号平台后台首页，单击"内容与互动"栏中的"用户管理"按钮。在"已关注"页面，勾选用户前面的复选框，单击"打标签"按钮，如图 8-16 所示。

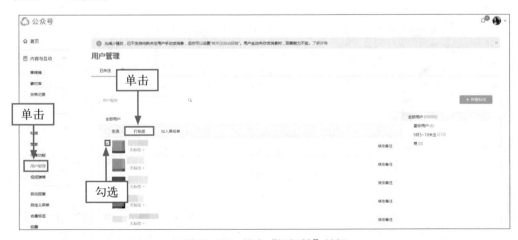

图 8-16 单击"打标签"按钮

步骤02 选择一个合适的标签并勾选前面的复选框；单击"确定"按钮，如

图 8-17 所示，即可为用户添加标签。

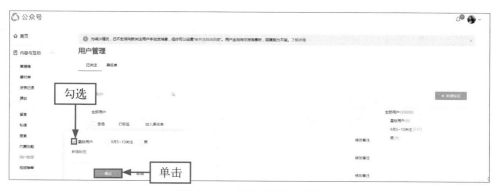

图 8-17 为用户添加标签

2. 黑名单用户的管理

黑名单用户是指被公众号拉黑了的用户名单，在"黑名单"页面里，运营者可以对黑名单用户进行管理，具体操作如下。

单击"黑名单"按钮，进入相应页面，勾选黑名单用户前面的复选框，单击"移出黑名单"按钮，如图 8-18 所示，即可将其移出黑名单。

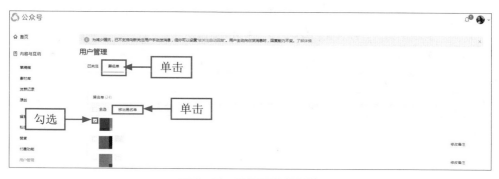

图 8-18 移出黑名单操作

8.1.4 视频弹幕

运营者在微信公众号上发布视频消息后，用户除了能够进行最基本的留言、分享、收藏和点赞等操作之外，还能够对其发送弹幕，并且显示在视频画面上。发送视频弹幕能与其他用户进行交流，沟通相关看法。下面笔者就发布视频弹幕的具体操作方法进行介绍。

1. 已发布视频

"已发布视频"页面可以查看公众号发布的所有视频中弹幕的情况，也可以对所有的视频弹幕进行相关处理，具体操作如下。

步骤① 登录进入微信公众号平台后台首页，单击"内容与互动"栏中的"视频弹幕"按钮，即可在"已发布视频"页面查看弹幕情况。单击"操作"栏下的"优先展示"按钮，即可将此弹幕放在这条视频的最前面展示，单击相应图标，如图8-19所示。

图 8-19　单击相应图标

步骤② 执行操作后，弹出对话框，运营者可以对此条弹幕进行"移到垃圾箱"和"删除"处理，如图8-20所示。

图 8-20　对弹幕进行处理

2. 弹幕设置

为了维护弹幕环境，运营者可以对弹幕进行屏蔽设置，具体操作如下。

在"视频弹幕"页面中，单击"弹幕设置"按钮，再开启"屏蔽骚扰弹幕"选项，如图8-21所示。

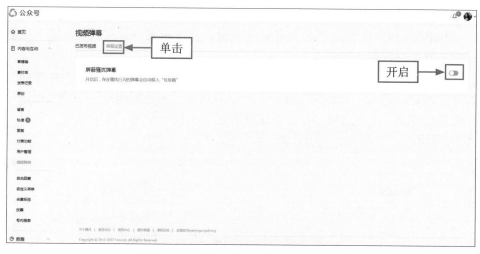

图 8-21 开启"屏蔽骚扰弹幕"选项

8.2 互动功能：提高用户的积极参与性

对于微信公众号而言，与用户进行互动交流能够较大程度地提高用户的参与积极性。运营者可以通过一些不同的操作来增加与用户交流的机会，如设置"自动回复""自定义菜单"和"合集标签"等。

8.2.1 自动回复

在"内容与互动"栏中，自动回复的设置包括 3 类，即"关键词回复""收到消息回复"和"被关注回复"，它们都是对用户发送给公众号的内容进行回复，所以回复的内容和时间点尤为重要，而且不能回复跟公众号无关的内容。下面笔者将对其具体的操作进行介绍。

1. 关键词回复

所谓"关键词回复"，指的是用户发送的信息中出现了平台设置的关键词，平台就会触发"关键词回复"功能，把预先设置的信息内容发送给对方。图 8-22 所示为"手机摄影构图大全"公众号的"关键词回复"结果显示页面，用户发送的"电子书"是公众号后台设置好的关键词，所以公众号会自动回复

图 8-22 "关键词回复"结果显示页面

151

"电子书"所对应的内容。

　　"关键词回复"的设置对公众号非常关键，操作起来也非常简单，接下来笔者就对相关操作进行具体解读。

　　步骤 ⓪1 登录进入微信公众号平台后台首页，单击"内容与互动"栏中的"自动回复"按钮，进入"关键词"页面，可以看到有"关键词回复""收到消息回复"和"被关注回复"3个选项。在"关键词回复"页面下单击"查看详情"按钮，如图8-23所示。

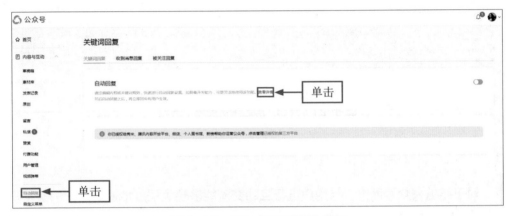

图8-23　单击"查看详情"按钮

　　步骤 ⓪2 弹出"提示"对话框，可以看到开启"自动回复"选项需要有开发能力，如图8-24所示。

图8-24　"提示"对话框

　　步骤 ⓪3 完成所有步骤后，即可开启"自动回复"选项，此时运营者可查看关键词的相关设置情况，如图 8-25 所示。

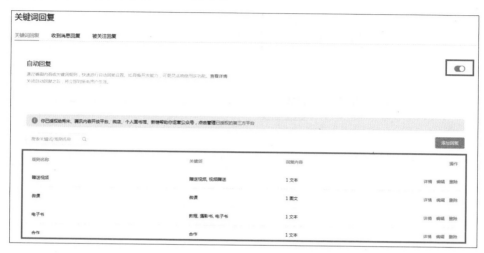

图 8-25　查看关键词的相关设置情况

步骤 04　在"自动回复"按钮的正下方有一个搜索框，运营者可以在这里搜索关键词或者规则名称。如果运营者想要增加新的关键词或者规则，就需要新建回复，单击"添加回复"按钮，如图 8-26 所示。

步骤 05　执行操作后，进入"添加回复"页面，输入规则名称，设置关键词，单击"回复内容"栏中的"文字"按钮，如图 8-27 所示，单击"保存"按钮即可完成设置。

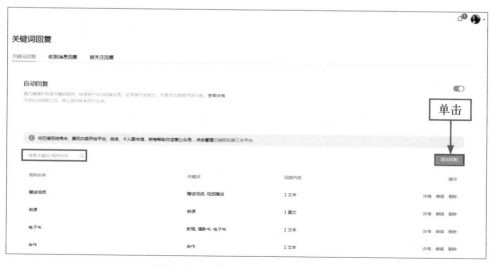

图 8-26　单击"添加回复"按钮

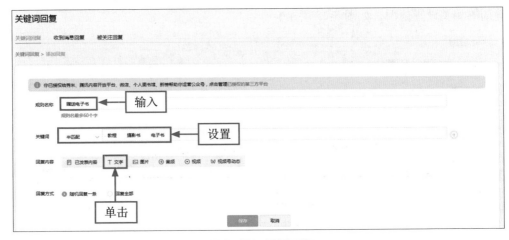

图 8-27　设置回复

专家提醒

全匹配就是用户输入的内容必须要和运营者设置的关键词一模一样，字数、符号以及顺序都必须一模一样，这样发送出去才能触发消息回复。

半匹配是指用户输入的内容中只要包含了运营者设置的关键词就能触发消息回复，但是不能错字、少字，而且顺序不能变。

步骤06　执行操作后，弹出"添加回复文字"对话框，输入回复的内容，单击"确定"按钮，如图 8-28 所示。

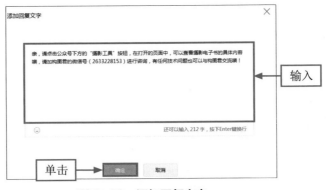

图 8-28　添加回复文字

步骤07　返回"添加回复"页面，选择一种回复方式，单击"保存"按钮，如

图 8-29 所示，即可成功添加新的关键词。

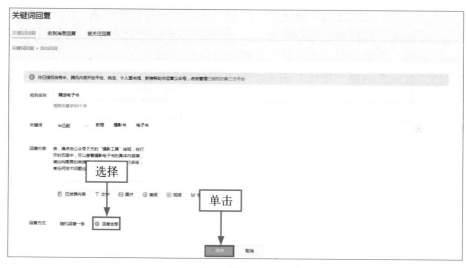

图 8-29　选择回复方式

2. 收到消息回复

为了让用户能感受到被重视，除了收到关键词自动回复之外，运营者还可以设置"收到消息回复"，让用户的消息不被忽视，具体操作如下。

单击"收到消息回复"按钮，进入"收到消息回复"页面。在"文字"选项下方输入回复的文字内容，单击"保存"按钮，如图 8-30 所示，即可成功设置"收到消息回复"功能。

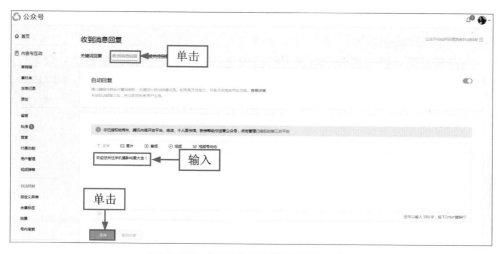

图 8-30　设置"收到消息回复"功能

3. 被关注回复

"被关注回复"就是在用户关注了公众号之后自动回复相关内容。由于是刚关注，所以用户可能不了解具体的活动和操作，此时运营者设置的回复内容就应该为用户解答这些疑惑。设置"被关注回复"消息的具体操作如下。

单击"被关注回复"按钮，进入"被关注回复"页面。在"文字"选项下方输入回复的文字内容，单击"保存"按钮，如图 8-31 所示，即可成功设置"被关注回复"功能。

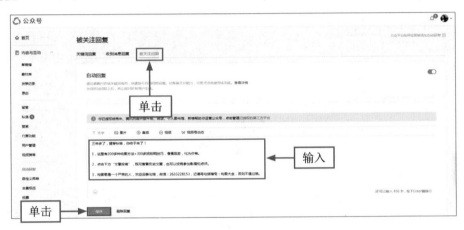

图 8-31　设置"被关注回复"功能

8.2.2　自定义菜单

如果企业或者个人要进行微信公众平台运营，那么了解一些公众号栏目设置相关的知识是非常有必要的。

而自定义菜单管理是公众号进行栏目设置的一个重要方面，是微信公众号订阅者在点开或者关注某一个微信公众号之后，出现在页面的最下方的几个栏目。图8-32 所示为"手机摄影构图大全"微信公众号设置的自定义菜单栏目。

专家提醒

微信公众号的自定义菜单栏是由微信公众平台的运营者自己设置的，因而并不是所有公众号都有菜单栏。而且微信公众平台规定，一个公众号可以添加 3 个一级菜单，而 1 个一级菜单下最多可以添加 5 个子菜单。

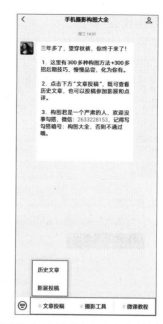

图 8-32　"手机摄影构图大全"微信公众号设置的自定义菜单栏目

接下来开始介绍设置"自定义菜单"的操作流程，具体内容如下。

步骤 01　登录进入微信公众号平台后台首页，单击"内容与互动"栏中的"自定义菜单"按钮，进入"自定义菜单"页面，左侧会显示菜单在手机上面的分布预览图，单击其中一个一级菜单，就会显示出它的子菜单。在页面右侧的"菜单名称"文本框中，输入自己想要设置的名称，如图 8-33 所示，即可更改一级菜单的名称。

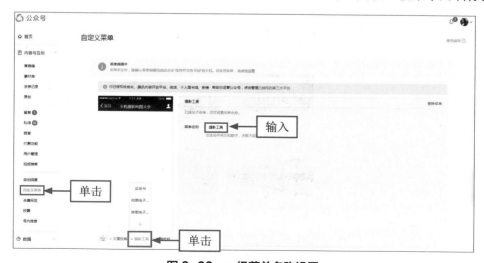

图 8-33　一级菜单名称设置

一级菜单名称设置成功之后，运营者可以进行子菜单内容的设置。在子菜单内容设置中，有"发送消息""跳转网页"和"跳转小程序"3 个选项可以选择，运营者可以根据自己的需求进行选择。

步骤 02 单击其中的一个子菜单按钮，在右侧的"子菜单名称"文本框中输入新的子菜单名称，选中"发送消息"单选按钮，单击"图文消息"按钮，单击"从已发表选择"按钮，如图 8-34 所示。

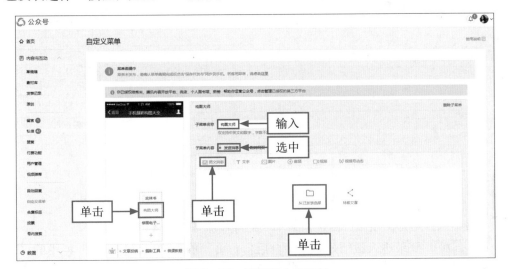

图 8-34 子菜单内容设置

步骤 03 执行操作后，弹出"选择已有图文"对话框，选择需要的图文信息，单击"确定"按钮，如图 8-35 所示。

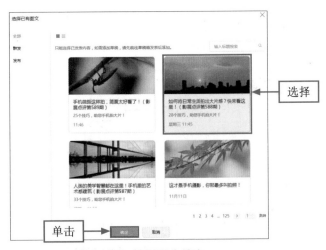

图 8-35 选择图文信息

步骤04 执行上述操作后，返回"发送消息"选项设置页面，可以看到刚选择的图文内容已成功显示出来。单击"保存并发布"按钮，如图 8-36 所示，即可完成子菜单内容的设置。

图 8-36　保存并发布信息

8.2.3　合集标签

标签的作用是对发布的文章进行分组，分类管理各篇文章，"合集标签"则是对所有标签进行集中管理。"合集标签"栏下包括两个选项，分别为"合集"和"页面模板"，下面笔者将对其具体操作进行详细介绍。

1. 合集

在"合集"页面，运营者可以查看、设置和修改所有的合集标签，并能创建新的合集，接下来笔者就以创建合集为例，介绍具体的操作方法。

步骤01 登录进入微信公众号平台后台首页，单击"内容与互动"栏中的"合集标签"按钮，进入相应界面。单击"创建合集"下拉按钮，在弹出的下拉列表中选择"图文合集"选项，如图 8-37 所示。

步骤02 执行操作后，进入"图文合集"页面，输入合集名称，单击"文章列表"右侧的"添加已有图文"按钮，如图 8-38 所示。

步骤03 执行操作后，弹出"选择已有图文"对话框，勾选需要选择图文左侧的复选框，单击"确定"按钮，如图 8-39 所示。

图 8-37 选择"图文合集"选项

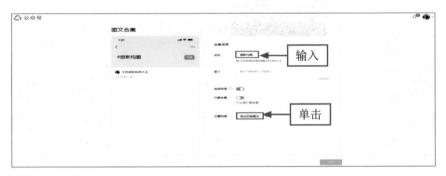

图 8-38 设置合集

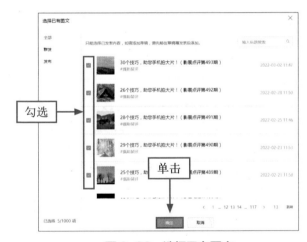

图 8-39 选择已有图文

步骤04 返回"图文合集"页面可以看到刚刚选择的图文已成功显示出来，单击"发布"按钮,如图8-40所示,即可完成新图文合集的创建。

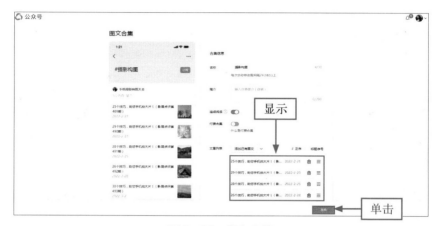

图8-40 发布合集

2. 页面模板

通过微信公众平台的"页面模板"功能,运营者可以在按照一定顺序导入控件和素材之后,复制链接到自定义菜单上对外发布。可见,通过页面模板的添加和设置,可以让用户更加快速地找到需要的信息,更加系统地阅读推送的图文内容。

在微信公众号后台,运营者不仅可以添加模板,还可以对已添加的模板进行编辑和修改。接下来笔者就以添加模板为例,介绍具体的操作方法。

步骤01 在"合集标签"页面中,单击"页面模板"按钮,进入相应页面,单击"添加模板"按钮,如图8-41所示。

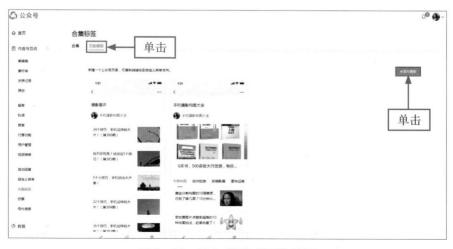

图8-41 单击"添加模板"按钮

步骤 02 执行操作后，进入"页面模板"页面，选择合适的模板，单击"选择"按钮，如图 8-42 所示。

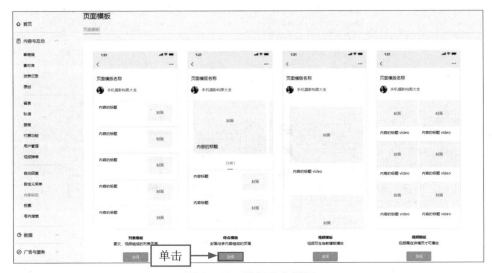

图 8-42 选择综合模板

步骤 03 执行操作后，进入"选择模板"页面，输入页面名称，单击"内容列表"右侧的"添加"按钮，如图 8-43 所示。

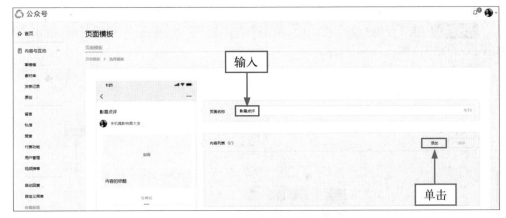

图 8-43 单击"添加"按钮

步骤 04 执行操作后，弹出"选择已有图文"对话框，勾选相应图文（最多可选择 3 篇）前面的复选框，单击"确定"按钮，如图 8-44 所示，即可为封面添加文章。

步骤 05 返回"选择模板"页面，如果运营者想要调整当前的封面文章排序，可单击"内容列表"最右侧的"排序"按钮，拖动标题最右侧的图标即可调整顺序，

单击 ✎ 图标，设置分类名称及相关内容如图 8-45 所示。

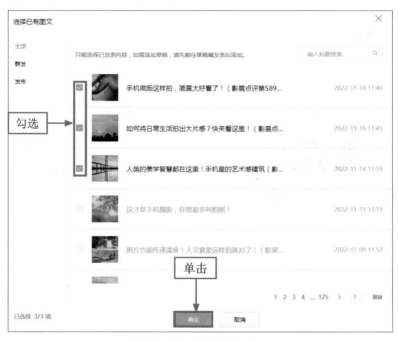

图 8-44　选择已有图文

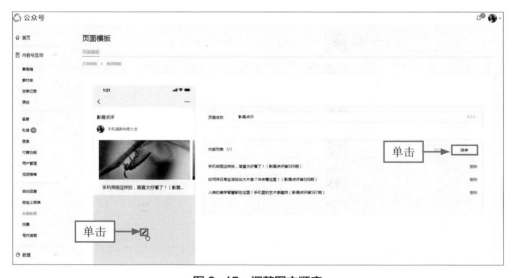

图 8-45　调整图文顺序

步骤 06 输入分类名称，单击"内容列表"最右侧的"添加"按钮，如图 8-46

所示。

图 8-46　添加合集

步骤 07 弹出"选择已有图文"对话框，勾选相应图文前面的复选框，单击"确定"按钮，如图 8-47 所示。

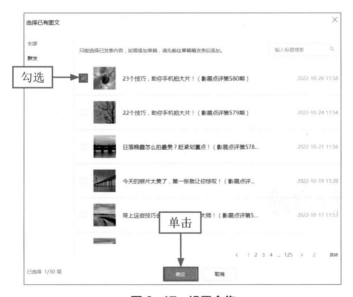

图 8-47　设置合集

步骤 08 执行操作后，即可查看合集设置情况，单击"发布"按钮，如图 8-48 所示，即可发布此合集。

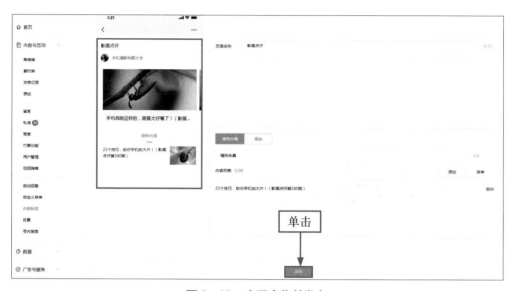

图 8-48 查看合集并发布

第 9 章

数据分析——精准解读运营方向

学前提示

对于微信公众平台运营者来说，除了要掌握基础的运营技巧和商业变现的方法之外，时刻掌握自己公众号的相关数据也是必不可少的，因为数据能向运营者反映最真实的运营效果。

本章笔者将以微信公众平台后台为依据，为大家介绍相关的数据分析。

要点展示

➤ 内容分析：整体数据的详细解读
➤ 用户分析：对粉丝属性进行解读
➤ 菜单分析：定位最受欢迎的栏目
➤ 消息分析：查看消息的相关数据
➤ 接口分析：确认后台数据的安全
➤ 网页分析：了解网站的访问情况

9.1　内容分析：整体数据的详细解读

微信管理者通过向用户推送图文消息，能够起到信息传播、吸引用户的作用，因此分析图文消息效果，对于微信管理者来说，是非常重要的一环。本节笔者将为大家介绍利用微信公众平台后台进行内容数据分析的方法。

9.1.1　群发分析

"群发分析"是公众号后台"内容分析"下的一个选项，主要是用来分析微信公众号中发布的图文消息，它包括"全部群发"和"单篇群发"两个选项，下面笔者将为大家进行详细介绍。

1. 全部群发

进入微信后台，单击"数据"栏下的"内容分析"按钮，即可进入"群发分析"下的"全部群发"页面，如图 9-1 所示。

图 9-1　"全部群发"页面

从图 9-1 中可以看到，群发分析页面中，有全部群发数据统计，也有单篇群发数据统计，运营者可以查看全部群发的统计数据，也可以查看单篇群发的统计数据，只要单击"单篇群发"按钮，即可进入"单篇群发"数据统计页面，下面笔者将详细介绍。

1）昨日关键指标

微信运营者进入"全部群发"分析页面，在这个页面中，后台主要展示了以时间段来划分的图文信息的综合情况，接下来主要介绍"昨日关键指标"信息。

在"全部群发"页面中，首先看到的是"昨日关键指标"中的数据内容。图 9-2 所示为"手机摄影构图大全"的"昨日关键指标"数据。

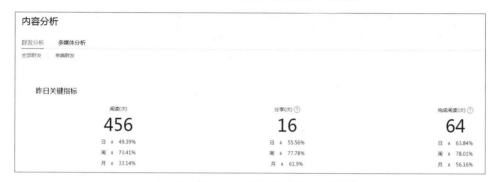

图 9-2 "手机摄影构图大全"的"昨日关键指标"数据

从该关键指标中可以看出，"手机摄影构图大全"昨日的图文信息中的相关数据包括阅读次数、分享次数和完成阅读次数。

同时在各指标的下面，还有以"日""周""月"为单位的百分比对比数据，让微信运营者能够了解这些数据与一天前、七天前和一个月前的数据相比有什么变化。

2）数据趋势

在"昨日关键指标"下方，有"数据趋势"的数据分析。数据类型主要分为"日报"和"小时报"两种。

在"日报"选项下，有"阅读""分享""跳转阅读原文""微信收藏"和"群发篇数"5个数据指标，如图 9-3 所示，运营者只要单击这 5 个指标中的任意一个，都能看见其数据趋势图和渠道构成。

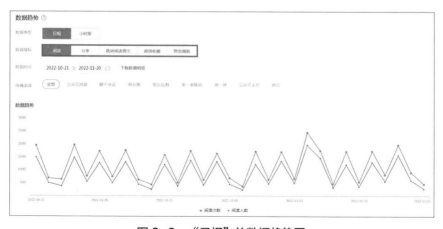

图 9-3 "日报"的数据趋势图

在"阅读"指标下，运营者还能够选择传播渠道，包括"全部""公众号消息""聊天会话""朋友圈""朋友在看""看一看精选""搜一搜""公众号主页"和"其他"9 个部分。这 9 个部分的趋势图又可以分为"阅读次数"和"阅读人数"两种。图 9-4 所示为"手机摄影构图大全"2022 年 11 月 11 日至 11 月 20 日这段时间内全部渠道的"阅读"的数据趋势图。

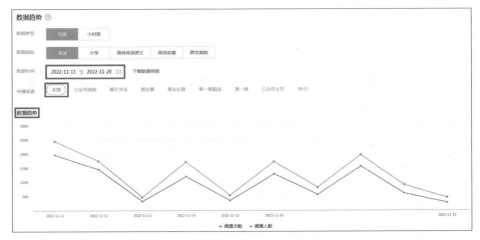

图 9-4　"阅读"的数据趋势图

微信运营者可以知道"最近 7 天""最近 15 天""最近 30 天"，或者自定义时间内的相关数据。

在"阅读"指标下，运营者还能够查看传播渠道的具体构成信息。图 9-5 所示为 2022 年 11 月 11 日至 11 月 20 日这段时间内全部渠道的阅读数分析图。

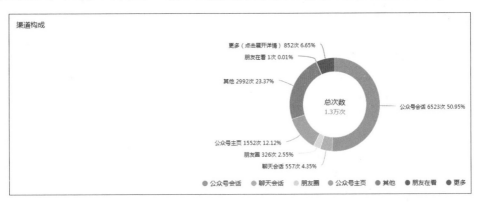

图 9-5　2022 年 11 月 11 日至 11 月 20 日全部渠道的阅读数分析图

在"数据时间"的右侧，有一个"下载数据明细"按钮，单击此按钮，如图 9-6 所示，即可下载表格，查看不同日期的"阅读""分享""跳转阅读原文""微信收藏"的人数和次数，以及"群发篇数"和"渠道"。

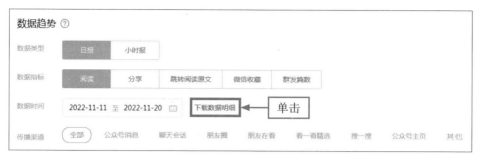

图 9-6 单击"下载数据明细"按钮

全部群发的"小时报"是为了让运营者了解每个小时的全部群发内容阅读人数和次数。单击"小时报"按钮，就能进入"小时报"页面，和"日报"不一样的是，"小时报"下面只有"阅读"和"分享"两个指标，如图 9-7 所示。

图 9-7 "小时报"的两个指标

运营者只要单击这两个指标中的任意一个，都能看见其数据趋势图和渠道构成。图 9-8 所示为"手机摄影构图大全"2022 年 11 月 20 日"阅读"的数据趋势图。

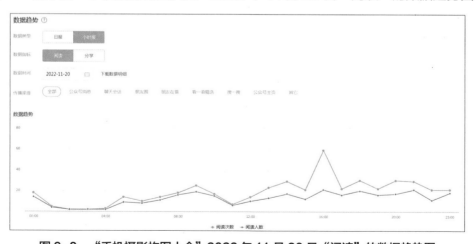

图 9-8 "手机摄影构图大全"2022 年 11 月 20 日"阅读"的数据趋势图

在数据趋势图下面，同"日报"一样是各个渠道的构成分析图，如图9-9所示。

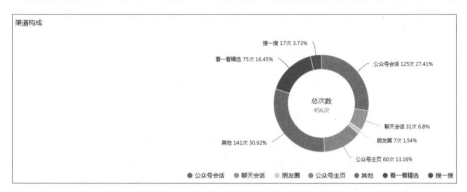

图9-9　各个渠道下阅读的构成分析图

单击"数据趋势"下"数据时间"最右侧的"下载数据明细"按钮，如图9-10所示，即可下载并查看"全部群发"中"小时报"的详细数据。

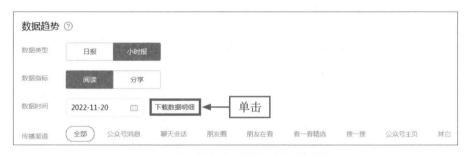

图9-10　单击"下载数据明细"按钮

根据数据抽样的方式，运营者可以分析出最合适的发布时间，那如何进行抽样呢？就是随机地抽取几天时间，然后分析这几天里不同时间点的数据情况，主要分析用户阅读次数和收藏次数等数据。抽样可以多抽几组，能够避免特殊情况出现而导致的结果不准确。

2. 单篇群发

运营者单击"单篇群发"按钮，就能进入"单篇群发"分析页面，在这个页面中，后台主要展示了以时间段来划分的图文信息的综合情况，接下来主要介绍"日报"信息。

在"单篇群发"数据统计页面中可以看到"内容标题""时间""阅读次数""分享次数""阅读后关注人数""送达阅读率""阅读完成率"和"操作"8个部分的内容。

微信公众平台运营者如果想要了解单篇图文的转化率，就需要单击"操作"栏下的"详情"按钮，如图9-11所示，进入单篇图文的图文详情页面，了解图文信息的"送达转化""分享转化""数据趋势""阅读完成情况""用户画像"等一系列数据分析情况。

图 9-11　单击"详情"按钮

图 9-12 所示为"手机摄影构图大全"的文章——《手机微距这样拍，简直太好看了！（影展点评第 589 期）》的群发数据详情。

图 9-12　群发数据详情

在群发数据下面是"送达转化"的数据分析图,如图 9-13 所示。其中,"送达人数"是指群发消息送达的人数;"公众号消息阅读次数"是指群发消息在公众号会话及订阅号消息列表的阅读次数。

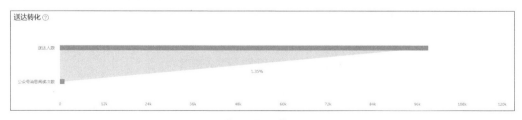

图 9-13　"送达转化"的数据分析图

在"送达转化"的数据分析图下面，是"分享转化"的数据分析图，如

图9-14所示。其中，"首次分享次数"是指用户在公众号会话及订阅号消息列表阅读完后，转发或分享到好友会话、群聊、朋友圈及点击"朋友在看"的次数，不包括非粉丝的点击；"总分享次数"是指用户转发或分享到好友会话、群聊、朋友圈及点击"朋友在看"的次数，包括非粉丝的点击；"分享产生的阅读次数"是指由用户分享带来的阅读次数，即阅读来源为好友会话、群聊、朋友圈、"朋友在看"的阅读次数。

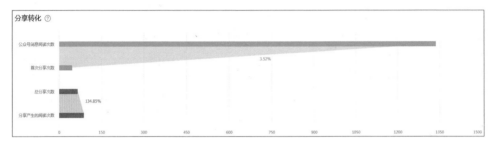

图9-14 "分享转化"的数据分析图

在"分享转化"的数据分析图下方，是"数据趋势"的分析图，如图9-15所示。在图中，运营者可以通过选择不同的"数据指标"来查看图文消息的阅读和分享数据。其中，"图文阅读"是指在不同传播渠道中阅读的人数及次数；"图文分享"是指在不同传播渠道中，转发或分享到好友会话、群聊、朋友圈及点击"朋友在看"的人数及次数。

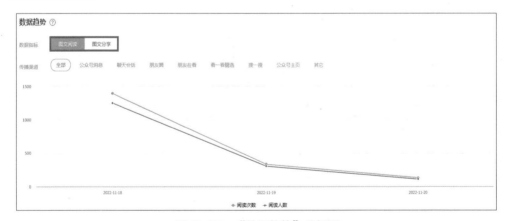

图9-15 "数据趋势"分析图

在"数据趋势"的分析图下方，是"阅读完成情况"的数据分析图，如图9-16所示。其中，"浏览位置"是指图文消息页按等比例划分的位置；"跳出人数"是指滑动到该浏览位置离开图文消息页的人数；"跳出比例"是指跳出人数占阅读该图文总人数的比例。

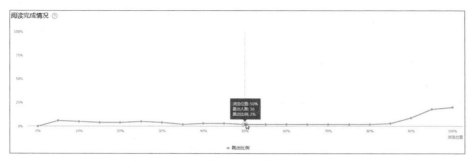

图9-16　"阅读完成情况"的数据分析图

在"阅读完成情况"的数据分析图下方，是"用户画像"的数据分析图，如图9-17所示，它包括"性别分布""年龄分布""地域分布"。

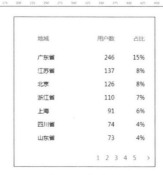

图9-17　"用户画像"的数据分析图

从"性别分布"图中可以看出，男性用户要大于女性用户，但是差距不算大；从"年龄分布"图中可以看出，46 ~ 60 岁年龄段的用户占比最大；从"地域分布"图中可以看出，广东省的用户数比较多，占比为 15%。

9.1.2 多媒体分析

"多媒体分析"主要是用来分析微信公众号中发布的音频消息，包括"全部视频""单个视频"和"音频"，下面笔者就"全部音频"的具体内容进行介绍。

单击"多媒体分析"按钮，如图 9-18 所示，即可默认进入"全部视频"页面。在此页面中，运营者可以看到"昨日关键数据"中的数据内容，包括"总播放""总分享"和"完成播放"的次数，同时在各指标的下面，还有以"日""周""月"为单位的百分比对比数据。

图 9-18　单击"多媒体分析"按钮

在"昨日关键数据"下方是"昨日有播放的视频"的数据分析，如图 9-19 所示，它包括"视频标题""群发时间""播放次数"和"播放人数"。

昨日有播放的视频			
视频标题	群发时间	播放次数	播放人数
如何用手机APP，给照片添加个性签名水印？	2021-01-06	2	2
影展投稿步骤	2020-03-01	2	1
多屏卡点	2021-08-23	1	1
多屏卡点	2021-08-23	1	1
《风光忆博》	2020-08-16	1	1
0620-视频二：神仙岭-日转夜延时	2020-06-20	1	1
0620-视频二：顶面延时效果	2020-06-20	1	1

图 9-19　"昨日有播放的视频"的数据分析

在"昨日有播放的视频"的下方是"数据明细分析"，选取一个时间段，如图
9-20所示，即可获得该时间段内详细的"数据趋势"图和"渠道构成"图，如图
9-21所示。

图9-20　选取一个时间段

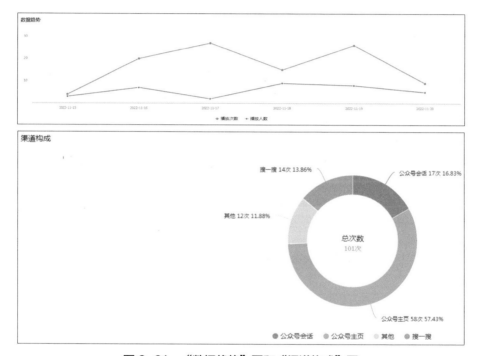

图9-21　"数据趋势"图和"渠道构成"图

9.1.3　图文群发中的商机

微信运营者在分析微信后台的图文数据时，不仅要分析数据本身的含义，还要
对这个数据中隐藏的商机进行思考。

例如一篇图文，不仅阅读量很高，而且转发量也非常高，那就说明有很多用户
对这篇文章的内容非常感兴趣，当他们将文章转发分享到自己朋友圈的时候，他们
的朋友也会看到这些文章，如果他们的朋友也对文章的内容感兴趣，就很有可能多

次进行转载和传播，从而让文章的传播力度更大，传播的范围更广。

这样做，一来可以让运营者的微信公众号让更多的人知道，二来能够为运营者的微信公众平台吸引到更多的关注群体，从而提升微信公众平台粉丝的数量和质量。因为通过这些文章而关注运营者的微信公众号的用户肯定是被平台的内容吸引过来的，所以基本都属于平台的目标用户，活跃度和质量都比较高。

那么微信运营者要如何从图文消息中发现商机呢？

第一个商机应该是微信公众平台粉丝的增加，当粉丝增加到一定量的时候，就能开通流量主这一功能，然后按月收取广告费。

第二个商机就是笔者要重点介绍的内容，也是本小节的重点。那就是从图文消息中寻找商机，当微信运营者在查看图文消息的阅读、转发类的数据的时候，如果突然发现其中某篇文章的阅读数据或者转发数据特别突出，比其他的文章的阅读或转发数据都要高的时候，那么微信运营者就要从中寻找是否有某个点特别吸引用户。

比如，运营者发布一篇名为"如何速成 UI 设计师"的文章，然后发现这篇文章的阅读量和转发量都比其他的文章要高出很多，那么微信运营者就要思考，这些用户是否都是想要学习 UI，才会对这篇文章如此关注的。

想要论证这一点，微信运营者可以再围绕"UI 设计师"发几篇相关的文章，看看这几篇文章的阅读量和转发量是否依然有增长趋势。如果有，那说明用户对于"UI 设计师"非常感兴趣，那么微信运营者可以通过投票调查的形式看看有多少人愿意参加公众平台开设的"UI 设计师"课程，如果很多人都有这个意愿，那么运营者就可以在微信平台上开设这一课程了。

以上内容就是通过图文消息数据分析能够看到的商机。

9.2 用户分析：对粉丝属性进行解读

微信公众营销已经成为时下营销的一种趋势，它的后台数据与用户的行为有着密切的关系，这种关系造就了微信公众营销的成功。

本节笔者将以微信公众平台"手机摄影构图大全"为例，为大家介绍用户的相关数据情况。

9.2.1 用户增长

运营者可以通过查看"用户增长"页面中的数据，了解不同时间段内用户的增长与减少。

1. 昨日关键指标

在微信公众平台后台，有一个数据指标能够帮助平台运营人员了解用户的动向，那就是"昨日关键指标"。在"昨日关键指标"中，可以看到四类数据，分别是"新关注人数""取消关注人数""净增关注人数"和"累计关注人数"。

图 9-22 所示为"用户分析"功能项下的"昨日关键指标"数据页面。从图中可以看出，"昨日关键指标"主要是以"日""周""月"为时间单位轴，分析用户数量在不同时间点的变化情况。

图 9-22 "昨日关键指标"数据页面

在平时，微信运营者可能还看不出这些数据的变化，但是当微信平台推出了新的计划后，这些关键指标就能起到很好的作用了，它能够反映新计划的效果，让微信运营人员根据这些数据指标总结经验，查漏补缺。

2. 数据趋势

在"昨日关键指标"下方，运营者可以看到"数据趋势"，它分为 4 个指标，包括"新增关注""取消关注""净增关注"和"累计关注"的趋势图。下面笔者就"新增关注""取消关注"和"详细数据表格"的具体内容进行介绍。

1）新增关注

在"新增关注"的趋势图中，微信运营者可以自由选择时间段对"新增关注"的趋势图进行查看。图 9-23 所示为 2022 年 11 月 14 日至 11 月 20 日的"新增关注"趋势图，将鼠标指针指向不同的节点（日期点），还能看到该日期下详细的新增关注数据。

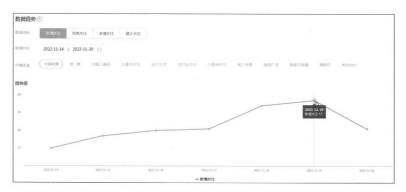

图 9-23 2022 年 11 月 14 日至 11 月 20 日的"新增关注"趋势图

在分析新增关注的趋势数据图时，要注意两方面的内容。

一是观察新增关注人数的趋势，以此来判断不同时间段的宣传效果。

二是注意趋势图中的几个特殊的点——"峰点"和"谷点"。"峰点"就是趋势图上突然上升的节点，"谷点"就是趋势图上突然下降的节点，当出现很明显的"峰点"和"谷点"时，就意味着平台推送可能产生了不同寻常的效果。

在"趋势图"下方，运营者可以看到"渠道构成"图，如图 9-24 所示，在此可以了解粉丝在不同的渠道的增长数量。

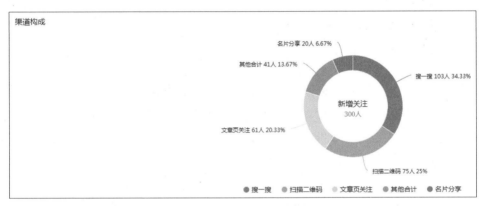

图 9-24　　"渠道构成"图

2）取消关注

"取消关注"也是微信运营者要着重观察的数据，因为维持一个老客户比增加一个新客户，其成本要低得多。因此，如果企业的微信公众号遇到了取消关注的情况，就一定要重视起来，尤其是那种持续"掉粉"的情况，运营者更加要分析其中的原因，尽可能防止这种情况出现。

以微信公众号"手机摄影构图大全"为例，在微信公众平台的后台，其近 30 天的"取消关注"趋势图如图 9-25 所示。

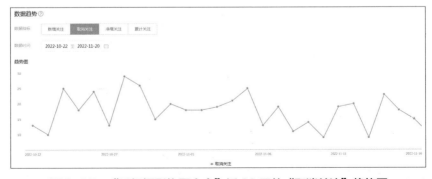

图 9-25　　"手机摄影构图大全"近 30 天的"取消关注"趋势图

通过"取消关注"的数据就能了解每天有多少粉丝对微信公众平台取消了关注，一旦发现这个取消关注的趋势图呈现出了增长的趋势，微信运营者就要格外注意了，要努力找出问题所在，然后尽可能避免这种趋势继续增长。

一般来说，用户对微信公众平台取消关注的原因可能有很多种，笔者总结了几种用户取消关注的原因，具体内容如下所述。

（1）对推送的消息不感兴趣。

（2）微信公众平台常常发布硬广。

（3）没有定期更新。

（4）帮助投票，投完就取消关注。

（5）领取了优惠，领完就取消关注。

（6）其他原因。

通常来说，用户取消关注最大的原因是对推送的消息不感兴趣，如果微信公众平台的取消关注人数一直在增加，那么微信平台运营者就要从以上几个方面查找原因了，然后才能对症下药。

3）详细数据表格

在微信公众平台"数据趋势"功能的最下方，有一系列详细数据表格。图 9-26 所示是"手机摄影构图大全"2022 年 10 月 21 日至 11 月 20 日的详细数据表格。

时间	新增关注	取消关注	净增关注	累计关注
2022-11-20	41	13	28	99,119
2022-11-19	57	12	45	99,091
2022-11-18	54	25	29	99,046
2022-11-17	41	10	31	99,017
2022-11-16	40	15	25	98,986
2022-11-15	37	18	19	98,961
2022-11-14	30	23	7	98,942
2022-11-13	30	9	21	98,935
2022-11-12	42	20	22	98,914
2022-11-11	33	19	14	98,892

图 9-26 "手机摄影构图大全"2022 年 10 月 21 日至 11 月 20 日的详细数据表格

微信公众号的运营者可以在左上方选择自定义时间，这样就能查看某个时间段内的数据了，单击右上方的"下载表格"按钮，将执行下载表格操作。除此之外，单击数据列上方的三角形按钮，能够对数据进行排序——可以从高到低排序，也可以从低到高进行排序。排好序之后，微信公众号运营者就能够对不同的数据进行快速分析了。

9.2.2　用户属性

粉丝经济时代，用户画像在任何领域中都能够起到非常重要的作用，这一点在微信公众平台运营上也同样重要。

运营者可以通过用户调研、数据分析、问卷访谈等方式，将用户的一些基本信息和行为属性综合起来，然后得出用户的精准画像，将用户这个角色更加立体化、个性化、形象化，帮助运营者能够针对用户的属性特点，找出最好的运营方式。

下面笔者将以微信公众号"手机摄影构图大全"为例，为大家介绍用户画像相关的数据分析。

1．人口特征

在经营微信公众号的过程中，如果运营者想要知道用户的人口特征，就可以在后台进入"用户分析"页面，然后单击"用户属性"按钮，如图9-27所示，系统会默认停留在"人口特征"页面。下面笔者将为大家详细介绍"人口特征"的内容。

图9-27　单击"用户属性"按钮

1）性别分布

进入"人口特征"页面后，首先看到的就是微信公众平台的性别分布图，如图9-28所示。

图9-28　性别分布图

从图 9-28 中可以看出，"手机摄影构图大全"的男性成员占比比女性成员占比高一点，微信运营者要根据微信公众号的定位来判断这样的比例是否和微信公众号的目标用户群体相匹配。

因为用户的性别比例相当，所以运营者在发布图文消息的时候，要兼顾男性用户和女性用户的喜好习惯和行为模式，这就要求微信运营者对"摄影构图"的内容有着更为精细化的分类。

笔者认为，平台运营者可以将用户按照性别分为女性组和男性组，然后发布一些有个性的或者有针对性的内容，例如针对女性用户，就可以发布一些和美妆、情感、闺蜜相关的手机构图知识；而针对男性用户，则可以发布一些黑科技、美剧大片相关的手机构图知识。笔者在这里只是举例说明，详细的策略还需要各平台运营者自行揣摩和研究。

2）年龄分布

在"性别分布"的下方，就是"年龄分布"图。图 9-29 所示为"手机摄影构图大全"的年龄分布图。

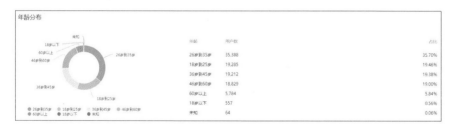

图 9-29　年龄分布图

从图 9-29 中可以看出，在"手机摄影构图大全"的粉丝群体中，26 ~ 35 岁的用户数量为 35 388 人，占比 35.70%，占比最大。

3）语言分布

在"年龄分布"的下方，就是语言分布图。图 9-30 所示为"手机摄影构图大全"的语言分布图。

图 9-30　语言分布图

从图 9-30 中可以看出，在"手机摄影构图大全"的粉丝群体中，使用简体中文的用户数量为97 082名，使用英文的用户数量为600名，使用繁体中文的用户数量为308名，还有使用未知语言的用户为1129名。

2. 地域归属

2015年9月，微信公众平台对用户的地理位置数据进行了优化，给运营者带来了极大的便利——提供省份和地级的分布情况。下面笔者为大家详细介绍。

1）省级分布

省份分布能够让运营者看到微信粉丝在各省的分布情况，在"省份分布图"的左侧是一张省份地图，运营者将鼠标放在地图上，就会出现相应省份的名称和该省份的用户数量。

省级分布图的右侧是省份对应用户数的具体数据，将用户数据按照从高到低的顺序排序，能够让运营者更方便地了解用户的分布情况。图9-31所示为"手机摄影构图大全"的省级用户数量分布图。

图9-31　省级用户数量分布图

2）地级分布

"地级分布"的数据在"省级分布"数据的下方，运营者可以通过选择省份来查看不同城市的用户分布情况，单击"地级分布"下方的三角形下拉按钮，就会弹出可选的选项，如图9-32所示。

图9-32　地级分布图

根据地域分布进行营销的思路，主要有以下几点。

（1）根据不同地区的消费水平来判断平台用户的购买力。

（2）根据不同地区的人群特点判断用户的个性喜好。

（3）根据不同地区的气候，进行具有当地特色的信息推广。

3. 访问设备

如果运营者想要知道用户的访问设备，就可以单击"访问设备"按钮，如图9-33所示，即可进入"访问设备"页面。

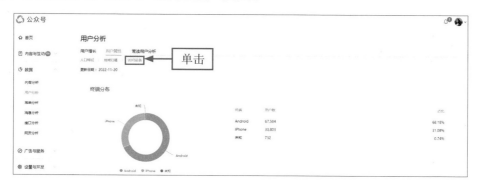

图9-33　查看用户的访问设备

从图9-33中可看出，使用 Android 的用户数量最多，达到 67 584 名，占比为68.18%；其次是 iPhone，用户数量为 30 803 名，占比为31.08%，还有使用未知终端的用户为 732 名，占比为0.74%。

9.2.3　常读用户分析

运营微信公众号，最不能放弃的就是老用户，特别是常读用户。常读用户主要是指经常阅读公众号发文的用户，把握住常读用户是非常重要的，运营者可以查看相关的数据，分析常读用户的属性，从而为其发布更合心意的内容。

1. 常读用户总览

"常读用户总览"是指对常读用户进行的总体数据分析，主要包括"常读用户指标"和"常读用户数变化"，具体内容如下所述。

1）常读用户指标

"常读用户指标"包括"常读用户月净增""常读用户数"和"常读用户比例"，在这里运营者能够知晓常读用户的总体情况。

单击"常读用户分析"按钮，系统默认停留在"常读用户总览"页面，如图9-34所示。

图9-34　"常读用户总览"页面

2）常读用户数变化

在"常读用户指标"的下方，是常读用户数变化图。需要注意的是，数据时间只能选择具体的月份时间段，图9-35所示为2022年1月份至10月份的常读用户数变化图。

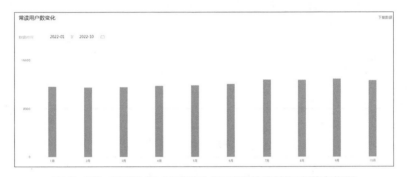

图9-35　2022年1月份至10月份的常读用户数变化图

2. 性别分布

在"常读用户分析"页面中单击"性别分布"按钮，进入相应页面，首先可以看到"分布走势"，在这里运营者可以查看常读用户和不常读用户不同时间的性别占比，如图9-36所示。

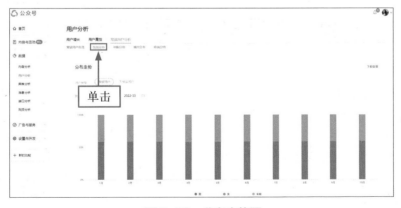

图9-36　分布走势图

在"分布走势"的下方是"月份详情",选择具体某一个月份进行查询,可以知晓当月常读用户和不常读用户的详细的性别分布人数及占比,如图 9-37 所示。

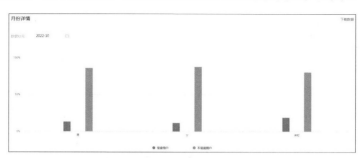

图 9-37　月份详情图

3. 年龄分布

"年龄分布"页面中的内容跟"性别分布"页面中的一模一样,都只有"分布走势"和"月份详情"这两部分内容,只是具体的数据不一样,如图 9-38 所示。

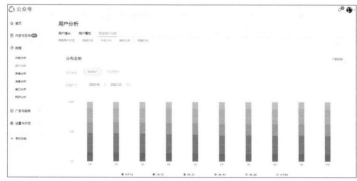

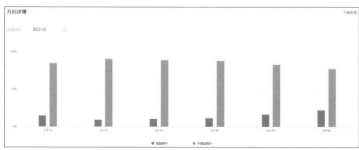

图 9-38　"年龄分布"页面

4. 城市分布

"城市分布"和"终端分布"页面中的内容分布跟"性别分布"和"年龄分布"

页面中的一模一样，所以此处笔者不再过多赘述，详细的数据情况可以自行登录微信公众号后台进行查看。

9.3 菜单分析：定位最受欢迎的栏目

对于用户来说，进入微信公众号的聊天界面，可以通过查看最底部的菜单栏了解公众号具体的功能和活动；对于运营者来说，菜单是跟用户进行多样互动的强大设置之一。菜单能让运营者了解用户对不同内容的喜爱度，因此对菜单进行分析很重要。

本节笔者将以微信公众平台"手机摄影构图大全"为例，为大家介绍微信公众平台"菜单分析"的相关内容。

9.3.1 昨日关键指标

登录进入微信公众号平台后台首页，单击"数据"栏中的"菜单分析"按钮，即可进入"菜单分析"页面，首先看到的是"昨日关键指标"中的数据内容。图9-39所示为"手机摄影构图大全"菜单的"昨日关键指标"数据。

图9-39 "手机摄影构图大全"菜单的"昨日关键指标"数据

从图9-39中可以看出"菜单点击次数""菜单点击人数"和"人均点击次数"的具体数据情况，并且在次数的下方我们还能知晓以"日""周""月"为单位的用户点击情况。

9.3.2 菜单点击次数

在"昨日关键指标"下方，有"菜单点击次数""菜单点击人数"和"人均点击次数"3个按钮，如图9-40所示，运营者只要单击这3个按钮中的任意一个，都能看到其相关的数据内容。图9-41所示为"手机摄影构图大全"2022年11月07日至11月21日这段时间内"菜单点击次数"的趋势图。

微信运营者可以知道"最近7天""最近15天""最近30天"，或者自定义时间内的相关数据。

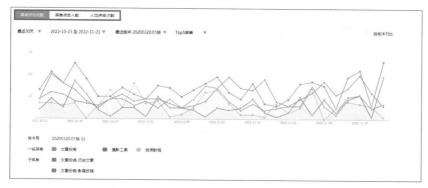

图 9-40　"菜单点击次数""菜单点击人数"和"人均点击次数"3 个按钮

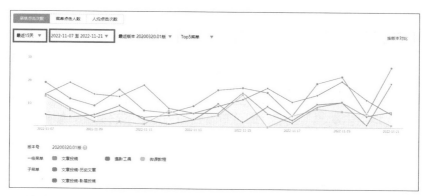

图 9-41　"手机摄影构图大全"2022 年 11 月 07 日至 11 月 22 日的"菜单点击次数"趋势图

在"菜单点击次数"趋势图的下方，有一个数据表格，里面有详细的数据情况，如图 9-42 所示，运营者可以自定义时间段，以便查看更多数据信息。

版本	菜单	子菜单	菜单点击次数	菜单点击人数	人均点击次数
	文章投稿	历史文章	109	92	1.18
		影展投稿	95	62	1.53
		实体书	55	51	1.08
20200320.01版 最近版本	摄影工具	构图电子书	95	83	1.14
		修图电子书	43	36	1.19
	街读教程	京东直播	31	30	1.03
		千聊微课	50	44	1.14

图 9-42　数据表格

9.3.3　菜单点击人数

从"菜单点击人数"的详细数据中，运营者可以知晓点击量最高和最低的菜单，了解不同时间内点击量的变化。图 9-43 所示为 2022 年 10 月 23 日至 11 月 21

日之间的"菜单点击人数"趋势图。

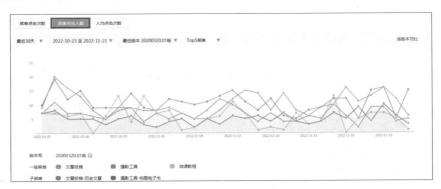

图 9-43 "菜单点击人数"趋势图

9.3.4 人均点击次数

人均点击次数越高，说明用户越活跃，如果是菜单的人均点击次数的话，也就意味着用户更喜欢哪一个菜单。

单击"人均点击次数"按钮，即可查看到相关数据的趋势图，如图 9-44 所示，从图中我们可以看出人均点击次数最多的一级菜单是"文章投稿"，子菜单则为"文章投稿"菜单下的"影展投稿"。

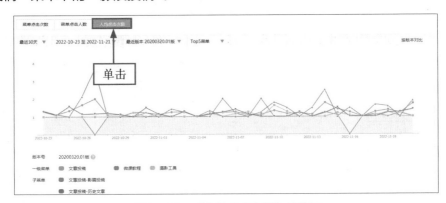

图 9-44 "人均点击次数"趋势图

9.4 消息分析：查看消息的相关数据

从用户发来的消息中，可以看出用户的直接需求，就比如用户搜索关键词"节假日优惠"，说明用户想要了解运营者的"节假日优惠"政策，或者与"节假日优惠"相关的一些信息。因此，通过后台的用户消息分析，运营者可以了解到用户的诸多需求。本节笔者将为大家介绍这方面相关的数据分析的内容。

9.4.1 消息分析

在"消息分析"页面的下方，可以看到两个选项，分别是"消息分析"和"消息关键词"。其中，"消息分析"主要是分析消息发送的相关数据信息，下面笔者将以"手机摄影构图大全"为例，从以下几个方面来介绍微信公众号"消息分析"的相关数据。

1. 小时报

首先，一起来看"小时报"的趋势图，通过"小时报"的趋势图，运营者需要了解的内容是：用户通常喜欢什么时候发送消息，发送的频率是多少。

在"小时报"下面，可以看到 3 个关键指标，分别是"消息发送人数""消息发送次数"和"人均发送次数"。接下来，笔者将从以下几个方面来介绍微信公众号的"小时报"数据。

1）消息发送人数

单击"小时报"按钮，首先看到的是"消息发送人数"趋势图，如图 9-45 所示。

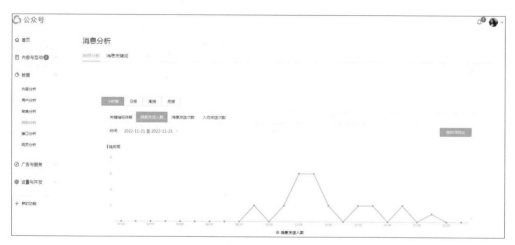

图 9-45　"消息发送人数"趋势图

在该日期里，可以看到很多的时间段都有人发送消息，运营者可以通过连续多日观察后找出用户最活跃的时间段，然后在用户活跃的时间段与他们进行互动。

2）消息发送次数

单击"消息发送次数"按钮，就能进入"消息发送次数"趋势图的页面。图 9-46 所示为公众号"手机摄影构图大全"的"消息发送次数"趋势图，通过分析不同时间段里用户发送消息的次数，运营者可以了解在哪个时间段里，用户的活跃度比较高。

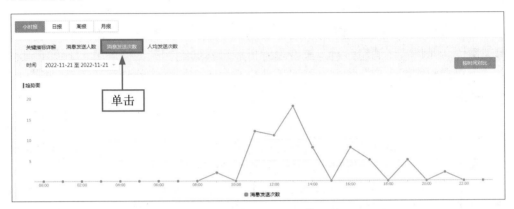

图 9-46   "消息发送次数"趋势图

3）人均发送次数

单击"人均发送次数"按钮，可以切换到"人均发送次数"趋势图，在该趋势图中，运营者可以通过分析在不同时间段的人均发送次数，来判断最佳的互动时间。图 9-47 所示为"人均发送次数"趋势图。

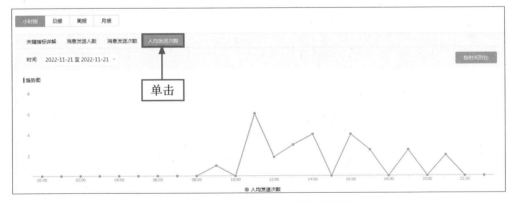

图 9-47   "人均发送次数"趋势图

4）消息发送次数分布图

在关键指标的趋势图下方，是"消息发送次数分布图"，如图 9-48 所示。

5）详细数据

在"消息发送次数分布图"下方，是"详细数据"的数据表，如图 9-49 所示，在此可以查看详细的数据信息，并且还能按照从高到低或者从低到高进行排序。

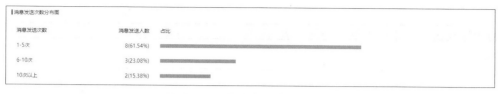

图 9-48　消息发送次数分布图

时间	小时	消息发送人数	消息发送次数	人均发送次数
	09:00	2	2	1
	11:00	2	12	6
	12:00	6	11	1.8
	13:00	6	18	3
2022-11-21	14:00	2	8	4
	16:00	2	8	4
	17:00	2	5	2.5
	19:00	2	5	2.5
	21:00	1	2	2

图 9-49　"详细数据"数据表

6）分析"小时报"的意义

对于微信平台运营者来说，分析用户消息的"小时报"有什么意义呢？在笔者看来，分析消息"小时报"的意义主要在于判断用户的空闲时间，以此来确定与用户的互动时间和形式。

同时,微信运营者还可以结合"群发分析"中的"小时报"判断用户的职业情况。在"群发分析"中，"小时报"主要是用来了解用户在不同时间点的阅读量、收藏量和转发量的，运营者可以将同一个时间点的"群发分析"中的"小时报"和"消息分析"的"小时报"结合起来分析，或许可以发现更多有意思的事情。

例如，在某些时间点，阅读量、收藏量和转发量都不错，但是用户发送消息的却很少，那么是否可以判断，在这些时间点里，用户是不太方便抽出时间来与平台进行互动的，他们或许在上班，或许在做其他的事，只有等到下班之后，才会有更多的闲暇时间来与平台进行互动，那么这些时间段里，用户发送消息的频率才会提高。

因此，微信公众平台在选择与用户进行互动的时间点的时候，要设身处地地站在用户的角度选择恰当的时间进行，这样才能取得更好的效果。

2．日报

"日报"顾名思义就是以"日"为单位进行的消息分析功能，运营者需要通过"日报"了解到：相对于一天前、一周前、一个月前，昨天的用户消息到底是增加了还是减少了；固定时间内的消息发送人数、次数和人均发送次数的情况如何等。接下来，笔者将从以下几个方面对"日报"进行分析。

1）昨日关键指标

单击"日报"按钮，首先看到的就是"昨日关键指标"数据，如图9-50所示。

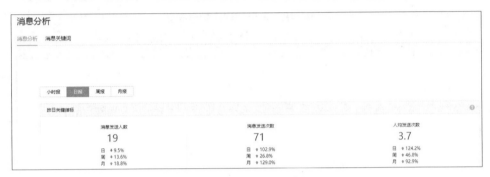

图9-50　昨日关键指标

2）关键指标详解

和"小时报"一样，"日报"也有"消息发送人数""消息发送次数"和"人均发送次数"的趋势图。图9-51所示为"消息发送人数"30日内的趋势图。

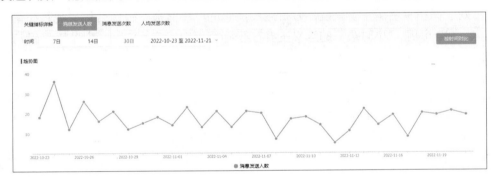

图9-51　"消息发送人数"30日内的趋势图

运营者可以根据情况，自定义时间对"消息发送人数"进行查看。如果运营者想要将某个时期的数据进行对比，可以单击右上方的"按时间对比"按钮，就会得出相应的对比数据，而想要对比的时间运营者也可以自己定义。

图9-52所示为2022年10月23日到11月21日和9月23日到10月22日的消息发送人数的数据对比。如果要取消对比，单击右上角的"取消对比"按钮即可。

3）"消息发送次数分布图"和"详细数据"表格

在"关键指标详解"下方，是"消息发送次数分布图"和"详细数据"表格，如图 9-53 所示。

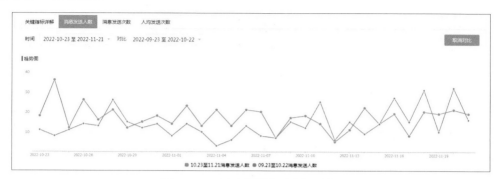

图 9-52　消息发送人数数据对比

图 9-53　"消息发送次数分布图"和"详细数据"表格

运营者如果想要对详细数据进行更深入的分析，可以单击"详细数据"最右侧的"导出 Excel"按钮将数据导入到 Excel 中，再进行深入分析。

3. 周报

"周报"主要是以"周"为单位对用户发送的消息进行分析的一个功能模块，和"小时报""日报"一样，"周报"也包括"关键指标详解""消息发送次数分布图"和"详细数据"数据表三大内容，如图 9-54 ~ 图 9-56 所示。

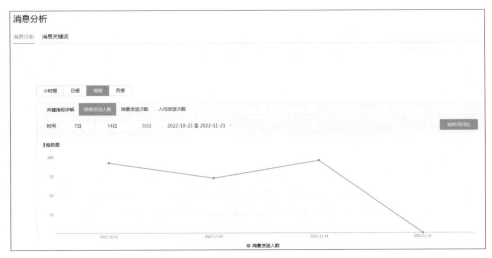

图 9-54　关键指标详解

消息发送次数	消息发送人数	占比
1-5次	134(65.37%)	
6-10次	38(18.54%)	
10次以上	33(16.10%)	

图 9-55　消息发送次数分布图

时间	消息发送人数	消息发送次数	人均发送次数
2022-11-14	95	300	3.2
2022-11-07	72	180	2.5
2022-10-31	92	318	3.5
2022-10-24	101	372	3.7

图 9-56　"详细数据"数据表

　　通过"关键指标详解"的"消息发送人数"数据，运营者可以了解到每一周的用户发送的消息情况，还可以了解到在第几个完整周，发送消息的人数有上升的趋势；在第几个完整周，发送消息的人数有下降趋势。运营者可以根据这些趋势，去分析在这些周期内，平台做了哪些动作，才提高了用户的活跃度和积极性。

　　"消息发送次数"和"人均发送次数"的趋势图也可以用同样的思路展开分析。

4. 月报

　　消息分析功能中，最后一个功能模块就是"月报"，和前面的"小时报""日报""周报"一样，也有"关键指标详解""消息发送次数分布图"和"详细数据"这3大内容，"月报"主要是判断微信用户是否具备长期的积极性。图9-57所示为2022年10月1日到11月21日的"消息发送人数"数据的趋势图。

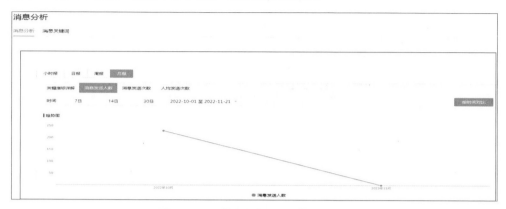

图 9-57 "消息发送人数"趋势图

从这个趋势图可以看出,从2022年10月1日到11月21日的消息发送人数在不断下降,针对此问题运营者就要开始进行思考,导致这一问题出现的原因是什么,并针对这一原因想出解决方法。

除了查看"消息发送人数"的趋势图,还可以切换到"消息发送次数"和"人均发送次数"选项,查看相应的指标趋势图。

在"关键指标详解"数据下,是"消息发送次数分布图"和"详细数据"数据表,分别如图9-58、图9-59所示。

图 9-58 消息发送次数分布图

详细数据			导出Excel
时间	消息发送人数	消息发送次数	人均发送次数
2022-10-01	228	1301	5.7

图 9-59 "详细数据"表格

"消息发送次数分布图"表明了某个时间段用户发送消息的人数和占比情况,同时在"详细数据"数据表中,每个月的消息数据都一目了然。

9.4.2　消息关键词

在"消息分析"页面中，单击"消息关键词"按钮，进入相应页面，如图9-60所示。

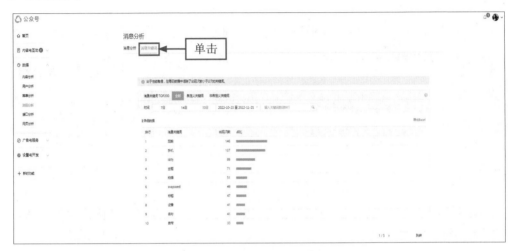

图 9-60　"消息关键词"页面

在"消息关键词"页面中，运营者可以查看到消息关键词的出现次数和占比，并且系统会自动按从多到少的顺序排列，详细数据一目了然。

9.5　接口分析：确认后台数据的安全

"接口分析"主要是让成为开发者的用户查看错误用的，它包括"小时报"和"日报"两个选项。本节笔者将以"手机摄影构图大全"为例，从以下几个方面来介绍微信公众号"接口分析"的相关数据。

9.5.1　小时报

单击"小时报"按钮，首先看到的是"调用次数"趋势图，如图9-61所示，调用次数是指接口被调用总次数。

单击"失败率"按钮，就能看到"失败率"趋势图，如图9-62所示。

失败率是指调用失败的次数/接口被调用总次数。从图中可以看出，2022年11月21日这一天的失败率为0。

单击"平均耗时"按钮，可以切换到"平均耗时"趋势图，如图9-63所示，平均耗时是指接口调用的总时长÷接口被调用成功的总次数。

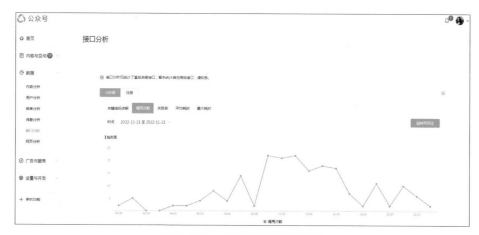

图 9-61 "调用次数"趋势图

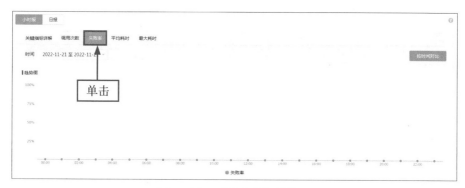

图 9-62 "失败率"趋势图

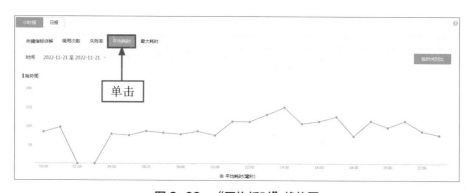

图 9-63 "平均耗时"趋势图

单击"最大耗时"按钮，可以切换到"最大耗时"趋势图，如图 9-64 所示，最大耗时是指接口调用耗时的最大值。

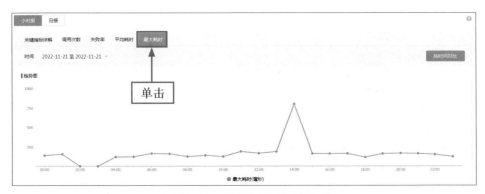

图 9-64　"最大耗时"趋势图

在关键指标的趋势图下方，是"详细数据"的数据表，如图 9-65 所示。

时间	小时	调用次数	失败次数	失败率	总共耗时(毫秒)	平均耗时(毫秒)	最大耗时(毫秒)
	00:00	2	0	0%	169	84.50	137
	01:00	5	0	0%	484	96.80	154
	04:00	2	0	0%	158	79.00	119
	05:00	2	0	0%	151	75.50	122
	06:00	4	0	0%	346	86.50	163
	07:00	8	0	0%	656	82.00	159
	08:00	4	0	0%	313	78.25	124
2022-11-21	09:00	14	0	0%	1206	86.14	139
	10:00	2	0	0%	151	75.50	124
	11:00	22	0	0%	2472	112.36	188
	12:00	21	0	0%	2350	111.90	166
	13:00	22	0	0%	2871	130.50	187
	14:00	16	0	0%	2398	149.88	797
	15:00	18	0	0%	1921	106.72	162

图 9-65　"详细数据"数据表

9.5.2　日报

日报是以"日"为单位进行的接口分析功能，它的内容分布与小时报类似，只是多了一个昨日关键指标，如图 9-66 所示。在昨日关键指标中，运营者可以查看到接口的调用次数、失败率、平均耗时和最大耗时的昨日数据相比 1 天前、7 天前、30 天前的变化情况。

在昨日关键指标下方，是关键指标的趋势图和详细数据表，在这里运营者可以自行查看相关的数据。

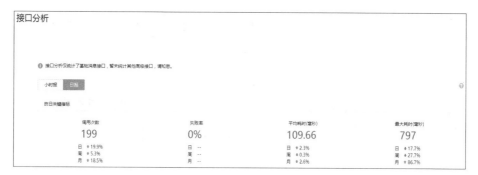

图 9-66　昨日关键指标

 专家提醒

　　"接口分析"页面只对开发者用户可见，且无须开启开发模式即可显示。

9.6　网页分析：了解网站的访问情况

　　"网页分析"页面是为了方便运营者了解微信公众号中各个网站的访问情况，它包括"页面访问量"和"JSSDK 调用统计"（Javascript Software-Development-Kit，即微信平台提供给网页开发者的工具包）两个选项。本节笔者将为大家介绍网页分析的内容。

9.6.1　页面访问量

　　"页面访问量"是指用户访问网页的人数和次数，运营者进入微信公众号后台之后，单击"数据"栏下的"网页分析"按钮，即可进入"网页分析"页面，如图 9-67 所示。

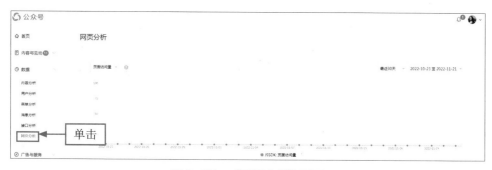

图 9-67　"网页分析"页面

在进入"网页分析"页面后，首先看到的就是"JSSDK：页面访问量"图，在其最右侧有两个选择时间段的选项，运营者可以自行选择。图 9-67 中显示的是 2022 年 10 月 23 日至 11 月 21 日这个时间段的页面访问量，由于这个时间段中页面访问量为 0，所以在图上看不出来明显的变化。

9.6.2　JSSDK 调用统计

使用 JSSDK 网页，能为微信用户提供更优质的网页体验。对于部署了 JSSDK 网页的微信公众号，运营者可在其后台查看统计数据，包括调用次数和人数，如图 9-68 所示。

图 9-68　"JSSDK 调用统计"页面

第 10 章

商业盈利——完成流量完美转化

学前提示

盈利赚钱是每一个微信公众平台运营者都渴望的事情。本章笔者主要将为大家介绍两种常见盈利的方法和 9 种其他盈利的方法，帮助运营者实现收益。

要点展示

➢ 常见盈利方法：快速实现流量转化
➢ 其他盈利方法：多种渠道进行盈利

10.1 常见盈利方法：快速实现流量转化

获得收益是每一个运营者的最终目的，也是运营者付出汗水后应该得到的回报。本节笔者将为大家详细介绍微信运营者的两大常见盈利方法，帮助大家快速实现流量的转化。

10.1.1 广告盈利

广告盈利主要有两种形式，分别为软文广告盈利和硬文广告盈利。两种广告盈利方法都有各自的优势，笔者将为大家一一介绍。

1. 软文广告

软文广告盈利主要是指微信公众平台运营者在微信公众平台或者其他平台上以在文章中软性植入广告的形式推送文章。

文章中软性植入广告是指文章里不会介绍产品，直白地夸产品有多好的使用效果，而是选择将产品渗入到文章情节中去，在无声无息中将产品的信息传递给用户，从而使用户能够更容易接受该产品。

图 10-1 所示为微信公众平台"河青新闻网"推送的一篇关于围巾的软文广告，该篇文章以心灵鸡汤的形式开头，在文中适时渗入产品广告，并且还在文尾及时告知了商品的购买方式。

图 10-1 "河青新闻网"微信公众平台包含软文广告的文章

软文广告形式是广大微信公众平台运营者使用得比较多的盈利方式，同时其获得的利润也是非常可观的。

2. 硬文广告

硬文广告主要是指在文章中直接地介绍产品，以此来达到宣传的目的。这种形式的广告在微信公众号中使用得比较少，因为大多数用户都不太喜欢这种太过直白的推销方式。

10.1.2　流量盈利

流量主功能是腾讯为公众号量身定做的一个展示推广服务，主要是指微信公众号的运营者将微信公众号中指定的位置拿出来给广告主打广告，然后收取一定费用的一种推广服务。图 10-2 所示为"女人工匠美丽穿搭社区"打的流量广告。

在"女人工匠美丽穿搭社区"微信公众号的特定位置，把相关的广告推送出去，然后根据点击量进行收费，这就是流量广告的盈利方式

图 10-2　"女人工匠美丽穿搭社区"打的流量广告

想要做流量广告，运营者就要首先开通流量主，在微信公众号后台的"广告与服务"栏中单击"流量主"按钮，即可进入开通页面。图 10-3 所示为开通公众号流量主的流程。

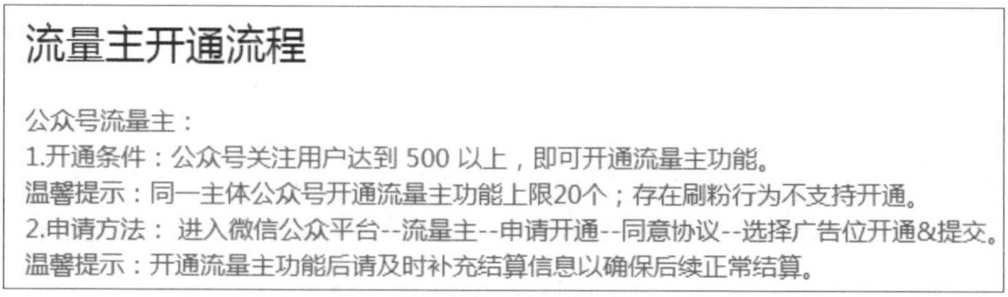

流量主开通流程

公众号流量主：
1.开通条件：公众号关注用户达到500以上，即可开通流量主功能。
温馨提示：同一主体公众号开通流量主功能上限20个；存在刷粉行为不支持开通。
2.申请方法：进入微信公众平台--流量主--申请开通--同意协议--选择广告位开通&提交。
温馨提示：开通流量主功能后请及时补充结算信息以确保后续正常结算。

图10-3　开通公众号流量主的流程

对于想要通过流量广告进行盈利的商家而言，首先要做的就是把自己的用户关注量提上去，只有把用户关注量提上去了，才能开通流量主功能进行盈利。

流量主开通成功之后，进入"流量主"页面，如图10-4所示。运营者可在此页面查看相关的数据信息，如广告数据、返佣商品、广告管理、财务管理、账户设置和公告消息等。

图10-4　"流量主"页面

其中，关于流量主的广告展示位，笔者还有需要介绍的地方。流量主的广告展示位置除了在全文的底部之外，还有一些其他的位置，如图10-5所示。

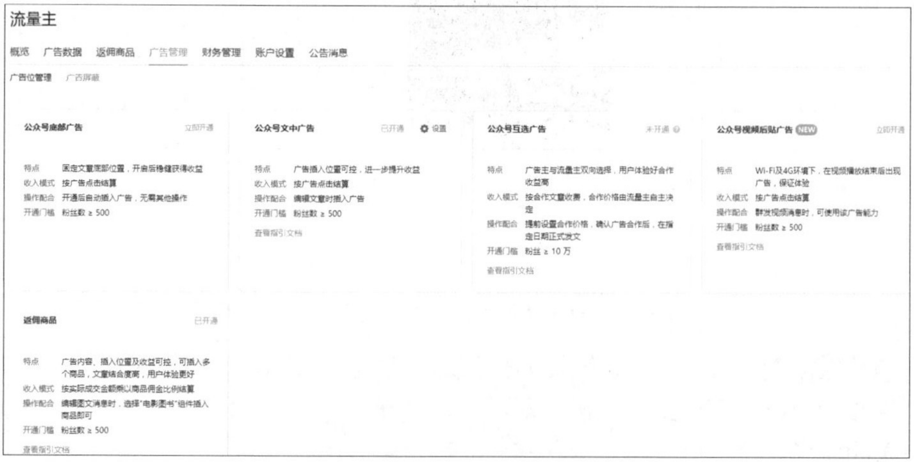

图10-5　广告位管理

在公众号的不同位置插入广告需要开通广告位才能使用，而已经开通了的广告位也可以对其进行关闭设置。下面，笔者将以公众号"手机摄影构图大全"为例，介绍开通广告位的详细步骤。

步骤 01 进入"广告管理"页面，系统默认停留在"广告位管理"选项下，单击"公众号底部广告"右侧的"立即开通"按钮，如图 10-6 所示。

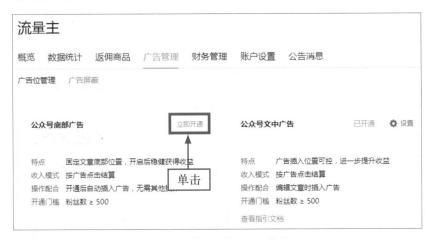

图 10-6 单击"立即开通"按钮

步骤 02 执行操作后，弹出对话框，单击"确认"按钮，如图 10-7 所示，即可成功开通公众号底部广告。

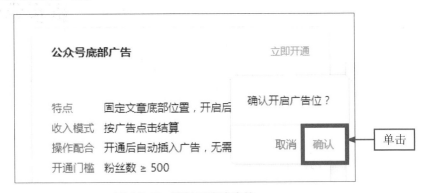

图 10-7 确认开启广告位

除了在微信公众号的文章中插入广告之外，运营者还可以把自己变成"广告主"，然后将推广自身产品的广告投放在微信的不同流量场景中，如朋友圈、公众号和小程序，如图 10-8 所示，从而扩大自身宣传的效果。

图 10-8　广告在不同流量场景中的展示示例

10.2　其他盈利方法：多种渠道进行盈利

在介绍了广告盈利和流量盈利两种常见盈利赚钱的方法之后，本节笔者将为大家介绍运营者可以采用的 9 种其他盈利赚钱的方法。

10.2.1　付费订阅

付费阅读是微信运营者用来获取盈利的一种方式，它是指微信运营者在平台上推送一篇文章，用户需要支付一定的费用才能够阅读该文章。付费阅读有一个优点，就是能够筛选出平台的忠实粉丝。

　　但是，需要注意的是，微信运营者如果要实施付费阅读的话，他就必须要确保推送的文章有价值，不然就会失去粉丝用户的信任。在微信公众平台上，有两种付费订阅模式，一种是全部文章都要付费才可以阅读的模式，另一种是只有部分精彩的文章才需要付费阅读的模式。

　　付费订阅的例子有很多，"罗辑思维"微信公众号就利用了这个模式来实现商业盈利，如图 10-9 所示。

图 10-9　　"罗辑思维"的付费订阅模式

10.2.2　点赞打赏

　　为了鼓励优质的微信公众号内容，微信公众平台推出了"赞赏"功能，开通"赞赏"功能的微信公众号必须满足一些条件，如图 10-10 所示。

```
                          ┌──────────────────────────────────┐
                          │  公众号必须开通原创声明功能           │
                          └──────────────────────────────────┘
                          ┌──────────────────────────────────┐
   ┌──────────────┐       │  除个人类型的微信公众号，其他的必须开通微信认证  │
   │ 开通"赞赏"功  │       └──────────────────────────────────┘
   │ 能的条件      │       ┌──────────────────────────────────┐
   └──────────────┘       │  除个人类型的微信公众号，其他的必须开通微信支付  │
                          └──────────────────────────────────┘
                          ┌──────────────────────────────────┐
                          │  发送的消息将显示在"订阅号"文件夹中    │
                          └──────────────────────────────────┘
```

图 10-10　开通"赞赏"功能的条件

图 10-11 所示为"手机摄影构图大全"微信公众号"赞赏"功能的示例,单击"喜欢作者"按钮,弹出"喜欢作者"对话框,即可对公众号进行赞赏。

图 10-11　"赞赏"功能的示例

运营者想要让自己的微信公众号开通赞赏这一功能,就需要经历两个阶段,具体如下。

（1）第一阶段:坚持一段时间的原创后,等到微信公众平台发出原创声明功能的邀请,运营者就可以在后台申请开通原创声明功能了。

（2）第二阶段:运营者在开通原创声明功能后,继续坚持一段时间的原创,等待微信后台发布赞赏功能的邀请。

开通赞赏功能之后,运营者即可在"内容与互动"栏下的"赞赏"选项中查看详细的赞赏情况,如"数据概况""赞赏账户""赞赏回复设置""赞赏说明"。图 10-12 所示为"赞赏"页面。

图 10-12　"赞赏"页面

10.2.3　电商盈利

　　微信的浪潮已经席卷了各个行业，电商行业也不可避免。原始的一手交钱一手交货的买卖方式可以照搬到互联网上，在微信平台上也依然适用。而且，相比传统模式，微信营销更具优势。

　　微信平台的便捷化，让微信公众平台运营者的步伐迈得越来越大。目前，已经有不少电商巨头企业开始投入到微信公众平台营销的大潮中。微信对电子商务的冲击和影响主要包括两个方面，一是降低了电商的宣传成本；二是开启了全新的沟通方式。

　　除了这两点影响之外，微信还能为电商带来合适的营销环境，打造微信商城，实现商业盈利，这就是下面笔者要讲的电商盈利内容。

　　微信商城是基于微信公众平台推出的一款应用，因为微信的火爆程度，让很多商家发现人们通过移动端，能够更快捷、更方便地进行各种购买活动。因此，微信平台推出了微信商城通道，让商家可以通过微信平台，获得更多的用户群体，从而实现各种营销活动。

　　图 10-13 所示为京东 JD.COM 微信公众平台的界面。广大用户可以在京东 JD.COM 微信公众号的界面上，单击"京东购物"菜单中的"购物首页"按钮，即可进入京东 JD.COM 微信商城选购商品。

图 10-13　京东 JD.COM 微信公众平台的界面

10.2.4　在线教学

在线教学是一种非常有特色的盈利方式，也是一种效果比较可观的吸金方式。微信运营者要开展在线教学的话，首先他得在某一领域比较有实力和影响力，这样才能确保教给用户的东西是有价值的。

在前期，微信公众号运营者需要做的就是吸粉，通过提供免费的干货技巧让平台获得足够多的粉丝，这样才能实行后期的收费制度，而且对于想要开展在线教学的公众号运营者来说，定一个合适的培训价格是非常重要的，原因如图 10-14 所示。

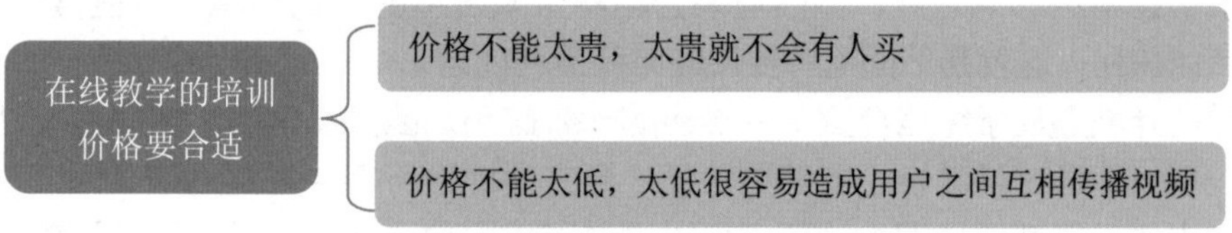

图 10-14　在线教学培训价格要定好的原因

采用在线教学这种盈利方式的公众号中，做得不错的微信公众号有"四六级考虫"。"四六级考虫"是一个为广大大学生以及想学习英语的群体提供教学培训的公众号，它有自己的官方网站和手机 App。

粉丝可以在公众平台和其官网上了解教学培训课程的相关内容以及订阅课程，然后在官网或者手机 App 上进行线上学习。

"四六级考虫"公众号上的课程分为收费和免费两种，不同的课程价格也不一样。图 10-15 所示分别为"四六级考虫"公众号的"四六级考前 5 小时救命点题"和"四六级冲刺班"板块的相关页面，可以看到，"四六级考前 5 小时救命点题"的课程是免费的，而"四六级冲刺班"则需要 199 元。

10.2.5　微商代理

传统的微商招代理，通常是通过微信朋友圈或者微信群，但其实利用微信公众平台也可以招代理，微商招代理是一种比较"反常规"的商业模式。

为什么说它"反常规"？因为微商招代理既能够让代理交钱，又能够让代理专注地为公司做事。通常，微商招代理入门都要缴纳一定的入门费用，其实这笔费用并不是无偿的，因为代理缴纳费用后，公司会为代理提供相应的产品、培训以及操作方法。图 10-16 所示为微信公众号"焙尔妈妈巧师傅蜜小蜜零食代理"招微商代理的文章。

图 10-15　"四六级考前 5 小时救命点题"和"四六级冲刺班"板块的相关页面

图 10-16　微信公众号"源自自然的馈赠"招微商代理的文章

10.2.6　品牌代理

一些企业想要尝试新的营销方式，这又给了创业者一个机会。有些微信公众号已经在营销上小有成就，掌握了一定的经验和资金，这些账号开始另找财路，帮助一些品牌代理运营。

现在的微信公众平台有很多粉丝过百万的独立账号，这些账号的粉丝基本上是通过微信代理运营这一模式，依靠以前在微博上积累的用户转化过来的。品牌代理运营的基本模式是通过以微信为主、微博为辅的运营，帮助打造品牌，并在此基础上积攒粉丝、增加人气，从而获得盈利。

10.2.7　出版图书

出版图书获取盈利，主要是指微信公众平台在某一领域或行业经过一段时间的经营，拥有了一定的影响力或者有一定经验之后，将自己的经验进行总结，然后通过图书出版以此获得收益的盈利模式。

微信公众平台采用出版图书这种方式去获得盈利，只要平台运营者本身有基础与实力，那么收益还是很乐观的。

例如，微信公众平台"粥悦悦""凯叔讲故事"等都在采取这种方式来获得盈利，效果也比较显著。图10-17所示为微信公众平台"手机摄影构图大全"在图书出版时发布的相关文章。

图10-17　"手机摄影构图大全"微信公众平台上图书出版的案例

10.2.8　增值插件

　　增值插件指的是微信运营者，在公众平台上利用自定义菜单栏的功能添加微店、淘宝店铺、天猫等可以购买产品的地址链接，或者直接在文章内添加购买产品的链接，以此来引导用户进行产品购买的一种盈利方式。

　　但是，运营者采用这种盈利方式的前提是自己拥有微店、淘宝、天猫等店铺，或者是跟其他平台上的商家达成了推广合作的共识，在自己公众号平台上给合作方提供一个链接地，或者在推送的文章中插入合作方的链接。

　　在微信公众平台的后台中，有一个"新的功能"板块，如图 10-18 所示。

图 10-18　"新的功能"板块

　　当运营者点击该板块之后，就能进入"目录管理"页面，如图 10-19 所示。在此页面中，运营者既能开通相关的功能插件，又能查看已开通的功能插件。

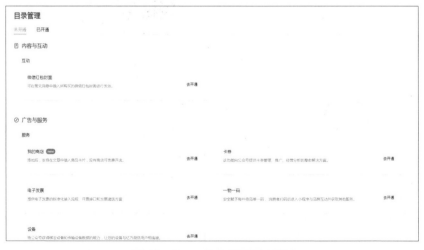

图 10-19　"目录管理"页面

在未开通服务中，运营者可以选择"我的商店""卡券"等插件为用户提供增值服务，从而获得盈利。

10.2.9 小程序

小程序开发盈利是指微信运营者开发自己专属的小程序，将平台的粉丝引流到自己的小程序上，以此来获得盈利的一种方式。

有很多的微信运营者都有自己平台的小程序，如简书公众平台的小程序、京东购物的小程序等。这些公众平台与小程序相互独立又相互关联，以此获得更高的关注度与收益。比如，直接搜索"手机摄影构图大全"小程序，单击其相关信息，便可直接进入"手机摄影构图大全"小程序，如图 10-20 所示。

图 10-20　"手机摄影构图大全"小程序页面

简书平台是一个将写作与阅读整合在一起的网络品牌，作者可以在这个平台上进行创作，而且用户也可以在这个平台上享受阅读的快乐，优秀的作者能够成为平台的签约作者，平台会帮助他们联系出版社、制作电子书等。

除了这种内容性的公众号之外，电商类的公众号也普遍会在公众号中设置小程序入口，以方便粉丝购物。"唯品会"微信公众平台也有相应的小程序入口，用户只需单击"去购物"菜单中的"去首页"按钮，即可进入"唯品会"小程序，具体如图 10-21 所示。

图 10-21 "唯品会"公众号中的小程序入口

通过微信公众平台将用户引流到自己的小程序上之后，就能让用户在小程序上进行消费，从而获得盈利。